화엄경 독경본

6

화엄경 독경본 6

—십무진장품① ~ 십회향품②—

실차난타 한역 · 관허수진 번역

온주사

봄 타고 화장세계 나들이

봄이 왔네요.

산자락 언덕에도 후미진 실계곡에도 봄이 왔네요.

얼음 사이 미소 띠고 흐르는 저 작은 목소리

버들강아지 눈개비 다칠라 숨죽여 흐르는 저 은빛 물소리

진정 봄이 왔나보다.

그래

내 마음에도 모든 사람들의 마음에도 화사한

봄이 왔으면 좋겠다.

영세에 사라지지 않는 봄이 왔으면 말이다.

봄

생각만 해도 가슴 여미는 계절이지요.

이 봄 따라 봄나들이 어떻습니까.

뒷동산 산자락 실계곡 아지랑이 따라

화엄경을 타고 화엄의 세상으로

수많은 진리의 꽃으로 장엄한 부처님 최초의 노래

화장세계 그 속으로 말입니다.

우리의 마음은 화가와 같다고 하였던가요.

하얀 종이 위에 화엄의 그림을

그려 보시지요.

내가 누구인가 자유롭게 그려 보시지요.

우납이 역주한 『청량국사 화엄경소초』 제9권에 화엄전기를 인용하여 말하기를,
수나라 혜오 스님은 매일같이 화엄경을 독송한 공덕으로 산신의 공양청을 받았고
일천 명 나한의 최고 상석에 자리하셨으며,

번현지樊玄智는 두순의 제자로 매일같이 화엄경을 독송하여 입안에 백과의 사리를
얻었고,

혜우 스님은 지엄의 제자로 매일같이 밤마다 향을 사르고 여래출현품을 독송함에
황금색신의 열 보살이 광명을 놓고 연꽃자리에 앉아 있다가 홀연히 사라지는 모습을
보았으며,

혹은 화엄경을 독송하고 서사함에 한겨울에도 접시꽃이 예쁘게 피어났고 상서로운
새들이 꽃을 물고 왔다 하였으며,

왕명관은 사구게송만 독송하고도 지옥에서 헤어나 인도에 환생하였다 하였으니
그 화엄경을 독송한 가피와 공덕은 이루 다 말할 수가 없습니다.

어떻습니까.
이 상서와 가피를 가슴에 그리며 봄나래 타고 화장세계 속으로 나와 모든 사람들이
평온으로 웃는 그날까지 여행을 떠나 보지 않으시겠습니까.
이 화엄경 독경본은 화장세계 여행 그 나들이를 위하여 세상에 나온 것입니다.

2022년 3월 6일
승학산 화장원에서 관허

십무진장품①

그때에 공덕림보살이 다시 모든 보살에게 일러 말하기를 불자여, 보살마하살이 열 가지 창고(藏)가 있나니 과거 미래 현재의 모든 부처님이 이미 설하셨으며 당래에 설할 것이며 지금에 설하십니다.

어떤 등이 열 가지가 되는가.
말하자면 믿음의 창고와 계율의 창고와 스스로 부끄러워하는 창고와 다른 사람에 부끄럽게 생각하는 창고와 들음의 창고와 보시의 창고와 지혜의 창고와 기억하여 생각하는 창고와 가짐의 창고와 분별의 창고이니
이것이 열 가지가 되는 것입니다.

불자여, 어떤 등이 보살마하살의 믿음의 창고가 되는가.

이 보살이 일체법이 공인 줄 믿으며

일체법이 무상인 줄 믿으며

일체법이 원구함이 없는 줄 믿으며

일체법이 조작이 없는 줄 믿으며

일체법이 분별이 없는 줄 믿으며

일체법이 의지할 바가 없는 줄 믿으며

일체법이 가히 헤아릴 수 없는 줄 믿으며

일체법이 더 이상 없는 줄 믿으며

일체법이 초월하기 어려운 줄 믿으며

일체법이 난 적이 없는 줄 믿는 것입니다.

만약 보살이 능히 이와 같이 일체의 법을 수순하여 청정한 믿음을 낸 이후에는 모든 불법이 가히 사의할 수 없다고 함을 들을지라도 마음이 겁나거나 약하지

아니하며

　일체 부처님이 가히 사의할 수 없다고 함을 들을지라도 마음이 겁나거나 약하지 아니하며

　중생의 세계가 가히 사의할 수 없다고 함을 들을지라도 마음이 겁나거나 약하지 아니하며

　법계가 가히 사의할 수 없다고 함을 들을지라도 마음이 겁나거나 약하지 아니하며

　허공의 세계가 가히 사의할 수 없다고 함을 들을지라도 마음이 겁나거나 약하지 아니하며

　열반의 세계가 가히 사의할 수 없다고 함을 들을지라도 마음이 겁나거나 약하지 아니하며

　과거의 세계가 가히 사의할 수 없다고 함을 들을지라도 마음이 겁나거나 약하지 아니하며

　미래의 세계가 가히 사의할 수 없다고 함을 들을지라도 마음이 겁나거나 약하지 아니하며

　현재의 세계가 가히 사의할 수 없다고 함을 들을지

라도 마음이 겁나거나 약하지 아니하며

일체세월에 들어가는 것이 가히 사의할 수 없다
고 함을 들을지라도 마음이 겁나거나 약하지 아니
합니다.

무슨 까닭인가.

이 보살이 모든 부처님의 처소에서 한결같이 굳게
믿어 부처님의 지혜가 끝이 없고 다함이 없는 줄
아는 것입니다.

시방의 한량없는 모든 세계 가운데 낱낱이 각각
한량없는 모든 부처님이 있어서 아뇩다라삼먁삼보
리를 이미 얻으셨으며, 지금에 얻으시며, 당래에
얻으실 것이며,

이미 세상에 출흥하셨으며, 지금에 출흥하시며,
당래에 출흥하실 것이며,

이미 열반에 드셨으며, 지금에 열반에 드시며, 당래에 열반에 드실 것이며

저 모든 부처님의 지혜는 증장하는 것도 아니고 감소하는 것도 아니며,

생기하는 것도 아니고 사라지는 것도 아니며,

나아가는 것도 아니고 물러가는 것도 아니며,

가까운 것도 아니고 먼 것도 아니며,

아는 것도 없고 버리는 것도 없나니

이 보살이 부처님의 지혜에 들어가 끝도 없고 다함도 없는 믿음을 성취합니다.

이 믿음을 얻은 이후에 마음이 물러나지 아니하며,

마음이 섞이어 혼란하지 아니하며,

가히 파괴할 수 없으며,

염착하는 바가 없으며,

항상 근본이 있으며,

성인을 수순하며,

여래가에 머물며

일체 모든 부처님의 종성을 보호하여 가지며,

일체 보살의 믿음과 지해(解)를 증장하며,

일체 여래의 선근을 수순하며,

일체 모든 부처님의 방편을 출생하나니

이것이 이름이 보살마하살의 믿음의 창고입니다.

보살이 이 믿음의 창고에 머물러 곧 능히 일체 불법을 듣고 가져 중생을 위하여 설하여 다 하여금 열어 깨닫게 합니다.

불자여, 어떤 등이 보살마하살의 계율의 창고가 되는가.

이 보살이 널리 요익케 하는 계와 받지 않는 계와 머물지 않는 계와 뉘우침도 한탄함도 없는 계와 어김도 다툼도 없는 계와 손해도 뇌롭지도 않는 계와 섞이어 더러움이 없는 계와 탐욕으로 구함이 없는 계와 허물이 없는 계와 훼손함도 범함도 없는 계를 성취하는 것입니다.

어떤 것이 널리 요익케 하는 계가 되는가.
이 보살이 청정한 계를 받아 가지는 것은 본래 일체중생을 이익케 하기 위한 것입니다.

어떤 것이 받지 않는 계가 되는가.
이 보살이 외도가 모두 소유한 계를 받아 행하지 않고 다만 심성이 스스로 정진하여 삼세에 모든 부처님 여래의 평등하고 청정한 계를 받들어 가지는 것입니다.

어떤 것이 머물지 않는 계가 되는가.

이 보살이 계를 받아 가질 때에 마음이 욕계에도 머물지 아니하며,

색계에도 머물지 아니하며,

무색계에도 머물지 아니하나니

무슨 까닭인가.

저곳에 태어남을 구하려 계를 가지지 않는 까닭입니다.

어떤 것이 뉘우침도 한탄함도 없는 계가 되는가.

이 보살이 항상 뉘우침도 한탄함도 없는 마음에 편안히 머무름을 얻나니

무슨 까닭인가.

무거운 죄를 짓지 아니하며,

아첨과 속임을 행하지 아니하며,

청정한 계를 깨뜨리지 않는 까닭입니다.

어떤 것이 어김도 다툼도 없는 계가 되는가.

이 보살이 먼저 제정한 것을 그르치지도 않고 다시 만들지도 아니하며,

마음이 항상 수순하여 열반의 계를 향하며,

구족하게 받아 가져 훼손하거나 범하는 바가 없으며,

계를 가짐으로써 다른 중생을 뇌롭게 하여 그들로 하여금 괴로움을 내지 않게 하고 다만 일체중생으로 마음이 항상 환희케 하기를 서원하여 계를 가지는 것입니다.

어떤 것이 뇌롭지도 손해나지도 않는 계가 되는가.

이 보살이 계를 인하여 모든 주술을 배우거나 처방한 약을 만들어 중생을 뇌롭지도 손해나지도 않게 하고, 다만 일체중생만을 구호하기 위하여 계

를 가지는 것입니다.

어떤 것이 섞이어 더러움이 없는 계가 되는가.
이 보살이 변견에 집착하지 아니하며,
섞이어 더러운 계를 가지지 아니하고, 다만 연기법만 관찰하여 벗어나 떠나는 계를 가지는 것입니다.

어떤 것이 탐욕으로 구함이 없는 계가 되는가.
이 보살이 기이한 모습을 나타내어 자기의 공덕이 있음을 밝히지 않고 다만 벗어나 떠나는 법만 만족하게 하기 위한 까닭으로 계를 설하는 것입니다.

어떤 것이 허물이 없는 계가 되는가.
이 보살이 스스로 알리고 높여 나는 계를 가진다 말하지 아니하며 파계한 사람을 볼지라도 또한 가볍게 여기거나 훼방하여 저로 하여금 부끄럽게 하지 않고 다만 그 마음을 한결같이 하여 계를 가지는 것입니다.

어떤 것이 훼손함도 범함도 없는 계가 되는가.

이 보살이 영원히 살생과 도둑질과 삿된 음행과 허망한 말과 두 말과 악한 말과 그리고 뜻이 없는 말과 탐욕과 성냄과 삿된 소견을 끊고 구족하게 열 가지 선업을 받아 가지는 것입니다.

보살이 이 범함이 없는 계를 받아 가질 때에 이와 같은 생각을 하여 말하기를 일체중생이 청정한 계를 훼손하고 범하는 것은 다 전도된 소견을 인유한 것이니,

오직 부처님 세존만이 능히 중생이 무슨 인연으로 전도된 소견을 내어 청정한 계를 훼손하고 범하는지 아신다.

내가 마땅히 더 이상 없는 보리를 성취하여 널리 중생을 위하여 진실한 법을 설하여 하여금 전도된 소견을 떠나게 할 것이다 하나니

이것이 이름이 보살마하살의 제 두 번째 계의 창고입니다.

불자여, 어떤 등이 보살마하살의 부끄러워하는 창고가 되는가.

이 보살이 과거에 지은 바 모든 악을 기억하고 생각하여 부끄러워함을 내는 것이니

말하자면 저 보살이 마음에 스스로 생각하여 말하기를 내가 시작도 없는 세상으로부터 오면서 모든 중생으로 더불어 모두 다 서로 부모와 형제와 자매와 남녀가 되어 탐욕과 성냄과 어리석음과 교만과 아첨과 속임과 그리고 나머지 일체 모든 번뇌를 갖춘 까닭으로 다시 서로 뇌롭게 하고 해치며

서로서로 업신여기고 빼앗으며

간음하고 상처내고 죽여 악행마다 짓지 아니함이 없는 것이다.

일체중생도 다 또한 이와 같아서 모든 번뇌로써 수많은 악행을 갖추어 지었기에 이런 까닭으로 각각 서로 공경하지 아니하며

서로 존중하지 아니하며

서로 받들어 따르지 아니하며

서로 겸손하고 하심하지 아니하며

서로 얼어 인도하지 아니하며

서로 보호하여 아끼지 아니하고 다시 서로 죽이고 해하여 서로 원수가 되었다 하여 스스로 생각하기를 나의 몸과 그리고 모든 중생이 과거 미래 현재에 부끄러움이 없는(無慚) 법을 행한 것을 삼세에 모든 부처님이 알고 보지 아니함이 없으시니,

지금에 만약 이 부끄러움이 없는 행을 끊지 않는다면 삼세에 모든 부처님도 또한 마땅히 나를 보실 것이니,

내가 마땅히 어떻게 오히려 행하면서 그치지 않겠는가.

심히 옳지 못함이 되는 것이다.

이런 까닭으로 내가 응당히 오롯한 마음으로 끊어서 제거하고 아뇩다라삼먁삼보리를 증득하여 널리 중생을 위하여 진실한 법을 설할 것이다 하나니 이것이 이름이 보살마하살의 제 세 번째 부끄러워하는 창고(慚藏)입니다.

불자여, 어떤 등이 보살마하살의 부끄럽게 생각하는 창고(愧藏)가 되는가.

이 보살이 스스로 부끄러워하기를 옛날로부터 오면서 저 오욕 가운데 가지가지로 탐하고 구하여

싫어하거나 만족함이 없었기에 이로 인하여 탐욕과 성냄과 어리석은 등 일체 번뇌를 증장한다 하여 내가 지금 응당히 다시는 이 일을 행하지 않을 것이다 하며

또 이와 같은 생각을 하기를 중생이 지혜가 없어서 모든 번뇌를 일으켜 악한 법을 갖추어 행하였기에 서로 공경하지 아니하며

서로 존중하지 아니하며

내지 전전히 서로 원수가 되어 이와 같은 악을 갖추어 짓지 아니함이 없으며

지은 이후에는 스스로 환희하고 칭찬해 주기를 추구하며

소경으로 지혜의 눈이 없어서 아는 바도 보는 바도 없어서 어머니라는 사람의 배 가운데 태에 들어가 생을 받아 더러운 몸을 이루어 필경에 머리가 희고 얼굴이 주름짐에 이르나니,

지혜가 있는 사람은 이것이 다만 음욕으로 좇아 생겨난 부정한 법인 줄 관찰하며

삼세에 모든 부처님도 다 알고 보신다.

만약 내가 지금에 오히려 이 일을 행한다면 곧 삼세에 모든 부처님을 속이는 것이 되나니

이런 까닭으로 내가 마땅히 부끄러움을 수행하고 빨리 아뇩다라삼먁삼보리를 성취하여 널리 중생을 위하여 진실한 법을 설할 것이다 하나니

이것이 이름이 보살마하살의 제 네 번째 부끄럽게 생각하는 창고(愧藏)입니다.

불자여, 어떤 등이 보살마하살의 들음의 창고가 되는가.

이 보살이 이 일이 있는 까닭으로 이 일이 있으며

이 일이 없는 까닭으로 이 일이 없으며,

이 일이 일어나는 까닭으로 이 일이 일어나며

이 일이 사라지는 까닭으로 이 일이 사라지며,

이것이 세간법이며

이것이 출세간법이며,

이것이 유위법이며

이것이 무위법이며,

이것이 유기법이며

이것이 무기법인 줄 아는 것입니다.

어떤 등이 이 일이 있는 까닭으로 이 일이 있음이 되는가.

말하자면 무명이 있는 까닭으로 행이 있는 것입니다.

어떤 등이 이 일이 없는 까닭으로 이 일이 없음이 되는가.

말하자면 식이 없는 까닭으로 명색이 없는 것입니다.

어떤 등이 이 일이 일어나는 까닭으로 이 일이 일어남이 되는가.

말하자면 애愛가 일어나는 까닭으로 고苦가 일어나는 것입니다.

어떤 등이 이 일이 사라지는 까닭으로 이 일이 사라짐이 되는가.

말하자면 유有가 사라지는 까닭으로 생生이 사라지는 것입니다.

어떤 등이 세간의 법이 되는가.

말하자면 색과 수와 상과 행과 식입니다.

어떤 등이 출세간의 법이 되는가.

말하자면 계율과 선정과 지혜와 해탈과 해탈의 지견입니다.

어떤 등이 유위법이 되는가.

말하자면 욕계와 색계와 무색계와 중생계입니다.

어떤 등이 무위법이 되는가.

말하자면 허공과 열반과 헤아림으로 인연한 적멸과 헤아림으로 인연하지 않은 적멸과 연기와 법성에 머무는 것입니다.

어떤 등이 유기법이 되는가.

말하자면 사성제와 사사문과四沙門果와 사변재와 사무소외와 사념처와 사정근과 사신족과 오근과 오력과 칠각분과 팔성도분입니다.

어떤 등이 무기법이 되는가.

말하자면 세간이 끝이 있는 것과 세간이 끝이 없는 것과 세간이 또한 끝이 있기도 하고 또한 끝이 없기도 한 것과 세간이 끝이 있는 것도 아니고 끝이 없는 것도 아닌 것과

세간이 영원함이 있는 것과 세간이 영원함이 없는 것과 세간이 또한 영원함이 있기도 하고 또한 영원함이 없기도 한 것과 세간이 영원함이 있는 것도 아니고 영원함이 없는 것도 아닌 것과

여래가 열반한 뒤에 있는 것과 여래가 열반한 뒤에 없는 것과 여래가 열반한 뒤에 또한 있기도 하고 또한 없기도 한 것과 여래가 열반한 뒤에 있지도 않고 없지도 않는 것과

나와 그리고 중생이 있는 것과 나와 그리고 중생이 없는 것과 나와 그리고 중생이 또한 있기도 하고 또한 없기도 한 것과 나와 그리고 중생이 있지도 않고 없지도 않는 것입니다.

과거에 몇 분의 여래가 열반에 드시고 몇 사람의 성문과 벽지불이 열반에 듦이 있었으며

미래에 몇 분의 여래와 몇 사람의 성문과 벽지불과 몇 사람의 중생이 있을 것이며

현재에 몇 분의 부처님이 머무시고 몇 사람의 성문과 벽지불이 머물고 몇 사람의 중생이 머물고 있으며

어떤 등의 여래가 가장 먼저 출현하시며

어떤 등의 성문과 벽지불이 가장 먼저 출현하며

어떤 등의 중생이 가장 먼저 출현하며

어떤 등의 여래가 가장 뒤에 출현하시며

어떤 등의 성문과 벽지불이 가장 뒤에 출현하며

어떤 등의 중생이 가장 뒤에 출현하며

어떤 등의 법이 가장 처음에 있으며

어떤 등의 법이 가장 뒤에 있으며

세간이 어느 곳으로 좇아왔으며

가서는 어느 곳에 이르며

몇 세계가 이루어진 것이 있으며

몇 세계가 무너진 것이 있으며

세계가 어느 곳으로 좇아왔으며

가서는 어느 곳에 이르며

어떤 것이 생사의 최초 경계가 되며

어떤 것이 생사의 최후 경계가 되는가.

이것이 이름이 무기법입니다.

보살마하살이 이와 같은 생각을 하기를 일체중생이 나고 죽음 가운데서 많이 들은 것이 없기에 능히 이 일체법을 요달하여 알지 못하나니

내가 마땅히 뜻을 일으켜 다문의 창고를 가져 아뇩다라삼먁삼보리를 증득하여 모든 중생을 위하여 진실한 법을 설할 것이다 하나니,

이것이 이름이 보살마하살의 제 다섯 번째 다문의 창고입니다.

십무진장품②

불자여, 어떤 등이 보살마하살의 보시의 창고가 되
는가.

이 보살이 열 가지 보시를 행하나니

말하자면 나누어 덜어주는 보시와

다 주는 보시와

안으로 주는 보시와

밖으로 주는 보시와

안과 밖으로 다 주는 보시와

일체 소유를 주는 보시와

과거의 모든 것을 주는 보시와

미래의 모든 것을 주는 보시와

현재의 모든 것을 주는 보시와

구경에 모든 것을 주는 보시입니다.

불자여, 어떤 것이 보살이 나누어 덜어주는 보시가 되는가.

이 보살이 품성이 인자하여 베풀어 보시하기를 좋아하는 것입니다.

만약 맛있는 음식을 얻게 되면 오로지 스스로 받아먹지 않고 반드시 중생에게 준 연후에 바야흐로 먹나니,

무릇 받은 바 물건도 다 또한 이와 같이 합니다.

만약 스스로 먹을 때는 이와 같이 생각하여 말하기를 내 몸 가운데 팔만 가지 벌레가 있어 나를 의지하여 머무나니,

내 몸이 충족하여 즐거우면 저 벌레들도 또한 충족하여 즐거워하고 내 몸이 굶주려 괴로우면 저 벌레들도 굶주려 괴로워할 것이다.

내가 지금 여기에 있는 바 음식을 받는 것은 원컨대 중생으로 하여금 널리 충족하여 배부름을 얻게 하여 저 벌레들에게 보시하기 위한 까닭으로 스스로 먹을지언정 그 맛에 탐착하지는 않을 것이다 하며

다시 이와 같이 생각하기를 내가 긴 밤에 그 몸을 애착하여 하여금 충족하여 배부르게 하고자 하여 음식을 받았으니,

지금 이 음식으로써 중생에게 베풀어 보시하여 원컨대 내가 몸에 대하여 영원히 탐착을 끊을 것이다 하나니,

이것이 이름이 나누어 덜어주는 보시입니다.

어떤 것이 보살이 다 주는 보시가 되는가.

불자여, 이 보살이 가지가지 최고 맛의 음식과 향과 꽃과 의복과 삶을 돕는 도구를 얻어 만약 스스로 수용한다면 곧 안락하여 나이가 늘어날 것이요

만약 자기를 거두어 다른 사람에게 베풀어 준다면 곧 곤궁하고 괴로워 요절할지라도 그때에 혹 어떤 사람이 와서 이와 같은 말을 하기를 그대가 지금 소유한 것을 다 마땅히 나에게 주라 한다면, 보살이 스스로 생각하기를 내가 시작도 없는 이래로부터 굶주린 까닭으로 몸을 잃은 것이 수도 없이 많지만 일찍이 털끝만큼도 중생을 요익케 하여 좋은 이익을 얻게 함이 있음을 얻은 적이 없었으니,

지금 내가 또한 마땅히 지난 옛날과 같이 그 몸을 버릴 것이다.

이런 까닭으로 응당 중생을 요익케 하기 위하여 그 중생들이 소유할 바를 따라서 일체를 다 버리되 내지 목숨이 다할지라도 또한 아끼는 바가 없게 할 것이다 하나니,

이것이 이름이 다 주는 보시입니다.

어떤 것이 보살이 안으로 주는 보시가 되는가.

불자여, 이 보살이 나이가 바야흐로 젊고 성장하며 단정하고 아름다우며 향과 꽃과 의복으로 그 몸을 장엄하여 비로소 머리에 물을 뿌리고 전륜왕위를 받아 칠보가 구족하여 사천하에 왕 노릇을 하거늘, 그때에 혹 어떤 사람이 와서 왕에게 여쭈어 말하기를 대왕이여, 마땅히 아소서. 저가 지금 쇠약하고 늙어 몸이 무거운 질병에 걸렸으며 외롭고 홀로이며 파리하고 무너져 죽을 날이 장차 오래지 않았으니, 만약 대왕의 몸에 손과 발과 피와 살과 머리와 눈과 골수를 얻는다면 저의 몸과 목숨이 반드시 살아 존재함을 바라볼 수 있겠사오니, 오직 원컨대 대왕께서는 다시 헤아려 돌아보고 아깝다는 생각을 두지 마시고 다만 자비한 생각만 나타내어 저에게 보시하소서 한다면, 그때에 보살이 이와 같은 생각을 지어 말하기를 지금 나의 이 몸이 뒤에 반드시 마땅히 죽을 것이다. 하나도 이익됨이 없을 것이니 마땅한

때에 빨리 버려 중생을 제도할 것이다 하고 생각한 이후에 그 사람에게 보시하되 마음에 후회하는 바가 없나니,

이것이 이름이 안으로 주는 보시입니다.

어떤 것이 보살이 밖으로 주는 보시가 되는가. 불자여, 이 보살이 나이가 성장하고 얼굴이 아름다워 모든 상호를 구족하였으며 유명한 꽃과 최상의 옷으로 몸을 장엄하여 비로소 머리에 물을 뿌리고 진륜왕위를 받아 칠보가 구족하여 사천하에 왕 노릇을 하거늘, 그때에 혹 어떤 사람이 와서 왕에게 여쭈어 말하기를 저가 지금 가난하여 수많은 고통에 핍박하오니, 오직 원컨대 인자하신 대왕께서는 다만 불쌍히 여기는 생각을 내려 이 왕위를 버려 저를 도와주소서. 저가 마땅히 통령하여 왕의 복락을 받을 것입니다 한다면, 그때에 보살이 이와 같은 생각

을 지어 말하기를 일체 영화와 번성한 것은 반드시 마땅히 쇠퇴하여 다할 것이다. 쇠퇴하여 다할 때에는 능히 다시 중생을 요익케 할 수 없을 것이니, 내가 지금 의당 저 사람이 구하는 바를 따라서 그 뜻을 충만케 할 것이다 하고 이런 생각을 지은 이후에 곧 그 사람에게 보시하되 후회하는 바가 없나니, 이것이 이름이 밖으로 주는 보시입니다.

어떤 것이 보살이 안과 밖으로 다 주는 보시가 되는가.

불자여, 이 보살이 위에서 설한 바와 같이 전륜왕위에 거처하여 칠보가 구족하여 사천하에 왕 노릇을 하거늘, 그때에 혹 어떤 사람이 와서 여쭈어 말하기를 이 전륜왕위에 왕으로 거처하신 것이 이미 오래되셨지만 저는 일찍이 이 왕위를 얻은 적이 없사오니, 오직 원컨대 대왕께서는 그 왕위를 버려 저에게 주고 아울러 왕의 몸은 저의 신하와 종이 되소서 한다면, 그때에 보살이 이와 같은 생각을 지어 말하기를 나의 몸과 재물과 보배와 그리고 왕위가 다 무상하여 무너지는 법이거늘, 내가 지금 성장하여 넉넉하게 천하를 가져 보았으니 구걸하는 이가 앞에 나타남에 마땅히 견고하지 못한 것으로써 견고한 법을 구할 것이다 하고 이런 생각을 지은 이후에 곧 그 사람에게 보시하며 내지 몸으로 공손하고 부지런히 신하와 종이 하는 역할을 하되 마음에 후회하는 바가 없나니,

이것이 이름이 안과 밖으로 다 주는 보시입니다.

어떤 것이 일체 소유를 주는 보시가 되는가.

불자여, 이 보살도 또한 위에서 설한 것과 같아서 전륜왕위에 거처하여 칠보가 구족하여 사천하에 왕 노릇을 하거늘, 그때에 한량없는 빈궁한 사람이

있어서 그 왕 앞에 와서 이르러 이런 말을 하기를 대왕의 명칭이 시방세계에 두루 들리니 저희 등이 대왕의 가르침을 흠모하여 일부러 여기 왔습니다. 저희 무리는 지금 각각 구하는 바가 있사오니 원컨대 널리 자비를 내려 하여금 만족함을 얻게 하소서 하고, 그때에 모든 가난한 사람들이 저 대왕을 좇아 혹은 국토를 구걸하며 혹은 아내와 자식을 구걸하며 혹은 손과 발과 피와 살과 심장과 폐장과 머리와 눈과 골수를 구걸하거늘, 보살이 이때에 마음으로 이런 생각을 하기를 일체 은혜와 애욕은 마침내 마땅히 이별하여 중생에게 요익될 바가 없나니, 내가 지금 영원히 탐욕과 애욕을 버려 이 일체 이별하여 반드시 헤어질 물건으로써 중생의 서원을 만족케 하고자 할 것이다 하고 이런 생각을 지은 이후에 다 베풀어주되 마음에 후회하고 한탄함이 없으며 또한 중생에게 싫어하거나 천하다는 생각을 내지도

않나니,

　이것이 이름이 일체 소유를 주는 보시입니다.

　어떤 것이 보살이 과거의 모든 것을 주는 보시가
되는가.

　이 보살이 과거에 모든 부처님과 보살이 소유한
공덕을 듣고 들은 이후에 집착하지 아니하며

　있는 것이 아닌 줄 요달하며

　분별을 일으키지 아니하며

　탐욕에 물들지 아니하며

　애욕을 맛보지 아니하며

　또한 구하여 취하지 아니하며

　의지하는 바가 없으며

　법이 꿈과 같아 견고함이 없는 줄 보며

　모든 선근에 있다는 생각을 일으키지 아니하며

　또한 의지할 바도 없으며

다만 취하여 집착하는 중생을 교화하고 불법을 성숙시키기 위하여 연설할 뿐이다 하며

또 다시 과거에 모든 법을 관찰하되 시방에 추구하여도 모두 다 가히 얻을 수 없다 하고 이런 생각을 지은 이후에 과거의 법을 필경에 다 버릴 것이다 하나니,

이것이 이름이 과거의 모든 것을 주는 보시입니다.

어떤 것이 보살이 미래의 모든 것을 주는 보시가 되는가.

이 보살이 미래에 모든 부처님의 수행하실 바를 듣고 있는 것이 아닌 줄 요달하여 모습에 취착하지 아니하며

따로 모든 부처님의 국토에 가서 태어나기를 좋아하지도 아니하며

그 부처님의 국토에 좋은 것을 맛보려 하지도 아니하며

집착하지도 아니하며

또한 싫어하는 생각도 내지 아니하며

선근으로 저 불토에서 회향하려 하지도 아니하며

또한 저 불토에서 선근을 물러나지도 아니하며

항상 부지런히 수행하여 일찍이 폐지하거나 버리지 아니하며

다만 저 경계를 인하여 중생을 섭수하여 취하고 진실을 설하여 하여금 불법을 성숙케 하고자 하는 것이다.

그러나 이 불법은 처소가 있는 것도 아니며

처소가 없는 것도 아니며

안이 있는 것도 아니며

밖이 있는 것도 아니며

가까이 있는 것도 아니며

멀리 있는 것도 아니다 하며

다시 이와 같은 생각을 하기를 만약 법이 있지 않다고 한다면 가히 버리지 아니치 못할 것이다 하나니,

이것이 이름이 미래의 모든 것을 주는 보시입니다.

어떤 것이 보살이 현재의 모든 것을 주는 보시가 되는가.

이 보살이 사천왕중천과 삼십삼천과 야마천과 도솔타천과 화락천과 타화자재천과

범천과 범신천과 범보천과 범중천과 대범천과

광천과 소광천과 무량광천과 광음천과

정천과 소정천과 무량정천과 변정천과

광천廣天과 소광천과 무량광천과 광과천과 무번천과 무열천과 선견천과 선현천과 색구경천의 공덕

을 들으며

내지 성문과 연각의 구족한 공덕을 듣고 들은 이후에 그 마음이 미혹하지도 아니하며

빠지지도 아니하며

모으지도 아니하며

산란하여 움직이지도 아니하며,

다만 모든 행이 꿈과 같아 진실하지 않은 줄 관찰하여 탐하거나 집착하지 않지만 중생으로 하여금 악취를 버려 마음에 분별이 없게 하며

보살도를 닦아 불법을 성취하게 하기 위하여 열어 연설하나니,

이것이 이름이 현재의 모든 것을 주는 보시입니다.

어떤 것이 보살이 구경에 모든 것을 주는 보시가 되는가.

불자여, 이 보살이 가사 한량없는 중생이 있으되 혹 어떤 사람은 눈이 없으며 혹 어떤 사람은 귀가 없으며 혹 코와 혀와 그리고 손과 발이 없어서, 그 보살의 처소에 와 이르러 그 보살에게 여쭈어 말하기를 나의 몸은 박복하여 육근이 상하고 이지러졌으니 오직 원컨대 인자께서는 좋은 방편으로써 자기의 소유를 버려 저로 하여금 구족케 하소서 한다면 보살이 그 소리를 듣고 곧 보시하여 주되 가사 이것을 인유하여 아승지세월이 지나도록 육근이 불구가 되어도 또한 마음에 한 생각도 후회하거나 애석한 생각을 내지 않고, 다만 스스로 이 몸이 처음 태중에 들어감으로 좇아 부정한 작은 형체와 태의 껍질과 육근이 나고 늙고 병들고 죽는 줄을 관찰하며

또 이 몸이 진실이 없으며

부끄러움이 없으며

현인과 성인의 물건이 아니며

냄새나고 더러워 깨끗하지 못하며

골절이 서로 의지하며

피와 살로 바른 바이며

아홉 구멍에는 항상 액이 흘러나와 사람들이 싫어하고 천하게 여기는 바임을 관찰하고, 이렇게 관찰한 이후에는 한 생각도 애착하는 마음을 내지 아니하며

다시 이와 같은 생각을 하기를 이 몸이 위태하고 연약하여 견고함이 없거늘 내가 지금 어떻게 어여삐여겨 집착함을 내겠는가. 응당 저 중생들에게 보시하여 그들의 소원을 충만케 하고 내가 생각한 바와 같이 이것으로 일체중생을 열어 인도하여 하여금 몸과 마음에 탐착과 애착을 내지 않고 다 청정한 지혜의 몸을 성취함을 얻게 할 것이다 하나니,

이것이 이름이 구경에 모든 것을 주는 보시입니다.

이것이 보살마하살의 제 여섯 번째 보시의 창고가
되는 것입니다.

불자여, 어떤 등이 보살마하살의 지혜의 창고가
되는가.
이 보살이 색을 여실하게 알며
색의 집합체를 여실하게 알며
색이 사라짐을 여실하게 알며
색이 사라지는 도를 여실하게 알며
수상행식을 여실하게 알며
수상행식의 집합체를 여실하게 알며
수상행식이 사라짐을 여실하게 알며
수상행식이 사라지는 도를 여실하게 알며
무명을 여실하게 알며
무명의 집합체를 여실하게 알며
무명이 사라짐을 여실하게 알며

무명이 사라지는 도를 여실하게 알며

애愛를 여실하게 알며

애의 집합체를 여실하게 알며

애가 사라짐을 여실하게 알며

애가 사라지는 도를 여실하게 알며

성문을 여실하게 알며

성문의 법을 여실하게 알며

성문의 집합체를 여실하게 알며

성문의 열반을 여실하게 알며

독각을 여실하게 알며

독각의 법을 여실하게 알며

독각의 집합체를 여실하게 알며

독각의 열반을 여실하게 알며

보살을 여실하게 알며

보살의 법을 여실하게 알며

보살의 집합체를 여실하게 알며

보살의 열반을 여실하게 압니다.

어떻게 아는가.

업보와 모든 행의 인연을 좇아 지은 바가 일체가 허망하고 거짓되고 공하여 진실이 없어서 나도 없으며 견고함도 없으며 적은 법도 가히 성립함을 얻을 수 없음을 알아 중생으로 하여금 그 진실한 자성을 알게 하고자 널리 선설합니다.

어떤 등을 선설하는가.

모든 법이 가히 무너지지 아니함을 선설합니다.

어떤 등의 법이 가히 무너지지 않는가.

색이 가히 무너지지 아니하며

수상행식이 가히 무너지지 아니하며

무명이 가히 무너지지 아니하며

성문의 법과 독각의 법과 보살의 법이 가히 무너지

지 않습니다.

　무슨 까닭인가.

　일체법이 지을 바도 없고 짓는 사람도 없으며
언설도 없고 처소도 없으며

　능생도 생기하지 않고

　소생도 생기하지 않으며

　같이하지도 않고 취하지도 않으며

　동전함도 없고 작용함도 없기 때문입니다.

　보살이 이와 같은 등 한량없는 지혜의 창고를
성취하여 적은 방편으로 일체법을 요달하되 자연히
밝게 요달하고 다른 사람의 깨달음을 인유하지 않습
니다.

　이 지혜의 끝이 없는 창고가 열 가지 가히 끝이
없는 것이 있기에 그런 까닭으로 말하기를 끝이

없다 하는 것이니

어떤 등이 열 가지가 되는가.

말하자면 많이 들은 선교가 가히 끝이 없는 까닭
이며

선지식을 친근하는 것이 가히 끝이 없는 까닭이며

구절과 뜻을 잘 분별하는 것이 가히 끝이 없는
까닭이며

깊은 법계에 들어가는 것이 가히 끝이 없는 까닭
이며

한맛의 지혜로써 장엄하는 것이 가히 끝이 없는
까닭이며

일체 복덕을 모으되 마음에 피곤하거나 싫어함이
없는 것이 가히 끝이 없는 까닭이며

일체 다라니문에 들어가는 것이 가히 끝이 없는
까닭이며

능히 일체중생의 말과 음성을 분별하는 것이 끝이

없는 까닭이며

　능히 일체중생의 의혹을 끊는 것이 가히 끝이 없는 까닭이며

　일체중생을 위하여 일체 부처님의 신력을 나타내어 교화하고 조복하여 수행하는 것으로 하여금 끊어지지 않게 하는 것이 가히 끝이 없는 까닭이니,

　이것이 열 가지가 되는 것입니다.

　이것이 보살마하살의 제 일곱 번째 지혜의 창고가 되나니,

　이 창고에 머무는 사람은 끝없는 지혜를 얻어서 널리 능히 일체중생을 열어 깨닫게 합니다.

　불자여, 어떤 등이 보살마하살의 생각의 창고가 되는가.

　이 보살이 의혹을 버리고 구족하게 기억하여 생각함을 얻어 과거의 일생과 이생과 내지 십생과 백생과

천생과 백천생과 무량백천생과 성겁과 괴겁과 성괴
겁과 한 성겁이 아닌 것과 한 괴겁이 아닌 것과
한 성괴겁이 아닌 것과 백겁과 천겁과 백천억 나유타
겁과 내지 한량도 없고 수도 없고 끝도 없고 같을
수도 없고 가히 헤아릴 수도 없고 가히 이름할 수도
없고 가히 생각할 수도 없고 가히 측량할 수도 없고
가히 말할 수도 없고 가히 말할 수도 없는 겁을
기억하여 생각하며

한 부처님의 이름과 내지 가히 말할 수 없고 가히
말할 수 없는 부처님의 이름을 기억하여 생각하며

한 부처님이 세상에 출현하여 수기를 설하신 것과
내지 가히 말할 수 없고 가히 말할 수 없는 부처님이
세상에 출현하여 수기를 설하신 것을 기억하여 생각
하며

한 부처님이 세상에 출현하여 수다라를 설하신
것과 내지 가히 말할 수 없고 가히 말할 수 없는

부처님이 세상에 출현하여 수다라를 설하신 것을
기억하여 생각하며

수다라와 같이 기야와 수기와 가타와 니타나와
우타나와 본사와 본생과 방광과 미증유와 비유와
논의를 설하신 것도 또한 이와 같이 기억하여 생각
하며

한 중회와 내지 가히 말할 수 없고 가히 말할
수 없는 중회를 설하신 것을 기억하여 생각하며

한 법을 연설하신 것과 내지 가히 말할 수 없고
가히 말할 수 없는 법을 연설하신 것을 기억하여
생각하며

한 근기의 가지가지 성품과 내지 가히 말할 수
없고 가히 말할 수 없는 근기의 가지가지 성품을
기억하여 생각하며

한 근기의 한량없는 가지가지 성품과 내지 가히
말할 수 없고 가히 말할 수 없는 근기의 한량없는

가지가지 성품을 기억하여 생각하며

한 번뇌의 가지가지 성품과 내지 가히 말할 수 없고 가히 말할 수 없는 번뇌의 가지가지 성품을 기억하여 생각하며

한 삼매의 가지가지 성품과 내지 가히 말할 수 없고 가히 말할 수 없는 삼매의 가지가지 성품을 기억하여 생각합니다.

이 기억하여 생각하는 것이 열 가지가 있나니, 말하자면 고요함을 기억하여 생각하는 것과

청정함을 기억하여 생각하는 것과

탁하지 아니함을 기억하여 생각하는 것과

밝게 사무침을 기억하여 생각하는 것과

진로를 떠남을 기억하여 생각하는 것과

가지가지 진로를 떠남을 기억하여 생각하는 것과

번뇌의 때를 떠남을 기억하여 생각하는 것과

광명으로 비춤을 기억하여 생각하는 것과

가히 사랑하고 좋아함을 기억하여 생각하는 것과

장애가 없음을 기억하여 생각하는 것입니다.

보살이 이 기억하여 생각함에 머물 때에 일체 세간이 능히 요란하게 못하며

일체 이론이 능히 변동하지 못하며

지나간 세상에 선근이 다 청정함을 얻으며

모든 세간의 법에 물들거나 집착하는 바가 없으며

수많은 마군과 외도가 능히 무너뜨리지 못하는 바이며

몸을 전하여 생을 받음에 잊어버리는 바가 없으며

과거 현재 미래에 법을 설하는 것이 끝이 없으며

일체 세계 가운데 중생으로 더불어 함께 머물지만 일찍이 허물이 없으며

일체 모든 부처님의 대중이 모인 도량에 들어가지

만 장애하는 바가 없으며

　일체 부처님의 처소에 다 친근함을 얻나니,

　이것이 이름이 보살마하살의 제 여덟 번째 기억하여 생각하는 창고입니다.

　불자여, 어떤 등이 보살마하살의 가짐의 창고가 되는가.

　이 보살이 모든 부처님께서 설하신 바 수다라를 가지되 문구와 의리를 잊음이 없이 일생에 가지며

　내지 가히 말할 수 없고 가히 말할 수 없는 생生에 가지며

　한 부처님의 이름과 내지 가히 말할 수 없고 가히 말할 수 없는 부처님의 이름을 가지며

　한 세월의 수와 내지 가히 말할 수 없고 가히 말할 수 없는 세월의 수를 가지며

　한 부처님의 수기와 내지 가히 말할 수 없고 가히

말할 수 없는 부처님의 수기를 가지며

한 수다라와 내지 가히 말할 수 없고 가히 말할 수 없는 수다라를 가지며

한 대중의 회상과 내지 가히 말할 수 없고 가히 말할 수 없는 대중의 회상을 가지며

한 법을 연설하는 것과 내지 가히 말할 수 없고 가히 말할 수 없는 법을 연설하는 것을 가지며

한 근기의 한량없는 가지가지 자성과 내지 가히 말할 수 없고 가히 말할 수 없는 근기의 한량없는 자성을 가지며

한 번뇌의 가지가지 자성과 내지 가히 말할 수 없고 가히 말할 수 없는 번뇌의 가지가지 자성을 가지며

한 삼매의 가지가지 자성과 내지 가히 말할 수 없고 가히 말할 수 없는 삼매의 가지가지 자성을 가지는 것입니다.

불자여, 이 가짐의 창고는 끝이 없으며

채우기 어려우며

그 밑에 이르기 어려우며

친근함을 얻기 어려우며

능히 제어하여 절복하기 어려우며

한량이 없으며

다함이 없으며

큰 위력을 갖추었으며

이 부처님의 경계이며

오직 부처님이라야 능히 아시나니,

이것이 이름이 보살마하살의 제 아홉 번째 가짐의

창고입니다.

불자여, 어떤 등이 보살마하살의 분별의 창고가

되는가.

이 보살이 깊은 지혜가 있어서 실상을 요달하여

알고 널리 중생을 위하여 모든 법을 연설하지만 일체 모든 부처님의 경전을 어기지 않고 한 품의 법과 내지 가히 말할 수 없고 가히 말할 수 없는 품의 법을 연설하며

한 부처님의 이름과 내지 가히 말할 수 없고 가히 말할 수 없는 부처님의 이름을 연설하며

이와 같이 한 세계를 연설하며

한 부처님의 수기를 연설하며

한 수다라를 연설하며

한 대중의 회상을 연설하며

한 법을 연설하며

한 근기의 한량없는 가지가지 자성을 연설하며

한 번뇌의 한량없는 가지가지 자성을 연설하며

한 삼매의 한량없는 가지가지 자성을 연설하며

내지 가히 말할 수 없고 가히 말할 수 없는 삼매의 한량없는 가지가지 자성을 연설하며

혹은 하루에 연설하며

혹은 반 달에 한 달에 연설하며

혹은 백 년에 천 년에 백천 년에 연설하며

혹은 한세월에 백세월에 천세월에 백천세월에
연설하며

혹은 백천억 나유타세월에 연설하며

혹은 수도 없고 분량도 없는 세월로 내지 가히
말할 수 없고 가히 말할 수 없는 세월에 연설하여
그 세월의 수를 가히 다할지라도 한 문장 한 구절의
의리도 다 설하기 어렵습니다.

무슨 까닭인가.

이 보살이 열 가지 끝이 없는 창고를 성취한 까닭
이니,

이 창고를 성취함에 일체법을 섭수하는 다라니문
이 앞에 나타나 있고 백만 아승지 다라니가 권속이

됨을 얻으며

　이 다라니를 얻은 이후에 법의 광명으로써 널리 중생을 위하여 법을 연설합니다.

　그 보살이 법을 설할 때에 넓고 긴 혀로써 미묘한 음성을 내어 시방에 충만케 하여 일체 세계에 그 중생들의 근성을 따라 다 하여금 만족하여 마음에 환희를 얻고 일체 번뇌의 얽음과 때를 소멸하여 제하게 하며

　일체 음성과 말과 문자와 변재에 잘 들어가 일체중생으로 하여금 부처님의 종성이 끊어지지 않고 청정한 마음이 상속하게 하며

　또 법의 광명으로써 법을 연설하여 다함이 없게 하지만 피곤하거나 싫어함을 내지 않습니다.

　무슨 까닭인가.

　이 보살이 허공의 세계를 다하고 법계 끝까지

두루한 끝없는 몸을 성취한 까닭이니,
　이것이 보살마하살의 제 열 번째 분별의 창고가
되는 것입니다.

　이 창고는 다함이 없으며 분단이 없으며
간섭이 없으며 끊어짐이 없으며
변하여 달라짐이 없으며 막힘이 없으며
퇴전함이 없으며 깊고도 깊어 밑이 없으며
가히 들어감을 얻기가 어려우며 널리 일체 불법의
문에 들어가게 합니다.

　불자여, 이 열 가지 끝이 없는 창고에 열 가지
끝이 없는 법이 있어서 모든 보살로 하여금 구경에
더 이상 없는 보리를 성취하게 하나니
　어떤 등이 열 가지가 되는가.
　일체중생을 요익케 하는 까닭이며

본래의 서원으로써 잘 회향하는 까닭이며

일체 세월에 끊어짐이 없는 까닭이며

모든 허공계에 중생을 다 열어 깨닫게 하지만 마음에 분한이 없는 까닭이며

유위有爲에 회향하지만 집착하지 않는 까닭이며

한 생각의 경계에 일체법이 다함이 없는 까닭이며

큰 서원의 마음이 변하여 달라짐이 없는 까닭이며

모든 다라니를 잘 섭취하는 까닭이며

일체 모든 부처님이 보호하고 염려하는 바인 까닭이며

일체법이 다 환상과 같은 줄 아는 까닭입니다.

이것이 열 가지 끝이 없는 법이 되나니,

능히 일체 세간에 소작인所作人으로 하여금 다 구경에 끝이 없는 큰 창고를 얻게 합니다.

승도솔천궁품 ①

그때에 부처님의 위신력인 까닭으로 시방의 일체 세계 낱낱 사천하 염부제 가운데서 다 여래가 보리수 아래에 앉아 계시거든, 각각 보살이 있어서 부처님의 위신력을 받아 법을 연설함을 보고는 스스로 말하기를 항상 부처님을 대면한다 아니함이 없었습니다.

그때에 세존이 다시 위신력으로써 이 보리수 아래와 그리고 수미정상과 야마천궁을 떠나지 않으시고 도솔천의 일체 묘한 보배로 장엄한 바 궁전에 가 이르셨습니다.

그때에 도솔천왕이 멀리서 부처님이 오심을 보고 곧 궁전 위에 마니 창고 사자의 자리를 펴니 그

사자의 자리가 하늘의 모든 묘한 보배로 모아 이룬
바이며

　　과거에 수행한 선근으로 얻은 바이며

　　일체 여래의 위신력으로 시현한 바이며

　　한량없는 백천억 나유타 아승지 선근으로 생기한
바이며

　　일체 여래의 청정한 법으로 생기한 바이며

　　끝없는 복덕의 힘으로 장엄하여 밝게 한 바이며

　　청정한 업보로 가히 무너뜨릴 수 없으며

　　보는 사람이 기뻐하고 좋아하여 싫어하거나 만족
함이 없으며

　　이것은 출세간법으로 세간에 물드는 바가 되지
아니하며

　　일체중생이 다 와서 관찰하여도 능히 그 묘호妙好
함을 궁구할 수 없었습니다.

또 백만억 층계가 두루 돌아 에워쌓으며

백만억 황금 그물과 백만억 꽃 휘장과 백만억 보배 휘장과 백만억 꽃다발 휘장과 백만억 향 휘장으로 그 위에 펴서 시설하고 꽃다발을 아래로 내려 향기를 널리 풍기며

백만억 꽃 일산과 백만억 꽃다발 일산과 백만억 보배 일산을 모든 하늘이 잡아 가져 사면四面에서 행렬하였으며

백만억 보배 옷으로 그 위에 폈으며

백만억 누각이 아름답고 빛나게 장엄되었으며

백만억 마니 그물과 백만억 보배 그물로 그 위에 두루 덮었으며

백만억 보배 영락 그물로 사면에서 아래로 내렸으며

백만억 장엄구 그물과 백만억 일산 그물과 백만억

옷 그물과 백만억 보배 휘장 그물로 그 위에 펴서 시설하였으며

백만억 보배 연꽃 그물에는 꽃이 피어 찬란하게 빛나며

백만억 보배 향 그물에는 그 향기가 미묘하여 대중의 마음에 칭합하여 기쁘게 하며

백만억 보배 풍경 휘장에는 그 풍경이 미동함에 평화롭고 맑은 소리를 내며

백만억 전단 보배 휘장에는 향기가 널리 풍기며

백만억 보배 연꽃 휘장에는 그 연꽃이 아름답게 피었으며

백만억 수많은 묘한 색깔 옷 휘장은 세상에 드물게 있는 바이며

백만억 보살 휘장과 백만억 잡색 휘장과 백만억 진금 휘장과 백만억 유리 휘장과 백만억 가지가지

보배 휘장으로 그 위에 다 펴서 시설하였으며

　백만억 일체 보배 휘장에는 큰 마니 보배로 장엄하였으며

　백만억 묘한 보배 꽃으로 두루 돌아 아름답게 꾸몄으며

　백만억 빈바 휘장으로 수특하고 묘하게 사이에 섞였으며

　백만억 보배 꽃다발과 백만억 향 꽃다발로 사면에서 아래로 내렸으며

　백만억 하늘의 견고한 향에는 그 향기가 널리 풍기며

　백만억 하늘 장엄구 영락과 백만억 보배 꽃 영락과 백만억 수승한 창고 보배 영락과 백만억 마니 보배 영락과 백만억 바다 마니 보배 영락으로 사자자리의 전신을 장엄하였으며

백만억 묘한 보배 비단으로 띠를 하여 내렸으며

백만억 인다라 금강 보배와 백만억 자재 마니 보배와 백만억 묘한 색의 진금 창고로 그 사이에 꾸몄으며

백만억 비로자나 마니 보배와 백만억 인다라 마니 보배가 광명을 비추며

백만억 하늘에 견고한 마니 보배로 창문이 되었으며

백만억 청정한 공덕의 마니 보배가 묘한 색을 밝게 시여하며

백만억 청정하고 묘한 창고 보배로 문이 되었으며

백만억 세계 가운데 가장 수승한 반달 보배와 백만억 때를 떠난 창고 마니 보배와 백만억 사자 얼굴 마니 보배로 사이에 섞어 장엄하였으며

백만억 심왕 마니 보배가 구하는 바가 뜻대로

되며

백만억 염부단 마니 보배와 백만억 청정한 창고 마니 보배와 백만억 제석천 당기의 마니 보배가 다 광명을 놓아 그 위에 두루 덮었으며

백만억 백은白銀 창고 마니 보배와 백만억 수미당기 마니 보배로 그 마니 창고 사자의 자리를 장엄하였으며

백만억 진주 영락과 백만억 유리 영락과 백만억 적색 보배 영락과 백만억 마니 영락과 백만억 보배광명 영락과 백만억 가지가지 창고 마니 영락과 백만억 매우 가히 좋아하고 볼만한 적진주 영락과 백만억 끝없는 색상의 마니 보배 영락과 백만억 지극히 청정하여 비교할 데 없는 보배 영락과 백만억 수승한 광명의 마니 보배 영락으로 두루 돌아 내려 펴서 장엄하였으며

백만억 마니 몸에 영락으로 수특하고 묘하게 장엄
하여 꾸몄으며

백만억 인다라 묘한 색 보배 영락으로 장엄하였
으며

백만억 흑전단향과 백만억 사의할 수 없는 경계향
과 백만억 시방의 묘한 향과 백만억 최고 수승한
향과 백만억 매우 가히 사랑하고 좋아하는 향이
다 향기를 일으켜 시방에 널리 풍기며

백만억 빈바라향이 시방에 널리 흩어지며

백만억 청정한 광명의 향이 중생에게 널리 풍기며

백만억 끝없는 가지가지 색의 향이 일체 모든
부처님의 국토에 널리 풍기어 영원히 다하여 사라지
지 아니하며

백만억 바르는 향과 백만억 풍기는 향과 백만억
태우는 향이 향기를 일으켜 일체에 널리 풍기며

백만억 연꽃 침수향이 큰 음성을 내며

백만억 노니는 향이 능히 중생의 마음을 전轉하며

백만억 아루나향이 향기를 널리 풍기니 그 맛이 감미롭고 아름다우며

백만억 능히 열어 깨닫게 하는 향이 일체에 널리 두루하여 그 향기를 맡는 사람으로 하여금 육근이 고요하게 하며

다시 백만억 비교할 데 없는 향의 왕인 향이 있어서 가지가지로 장엄하였으며

백만억 하늘의 꽃구름을 비 내리며

백만억 하늘의 향 구름을 비 내리며

백만억 하늘의 가루향 구름을 비 내리며

백만억 하늘의 구소마 꽃구름을 비 내리며

백만억 하늘의 파두마 꽃구름을 비 내리며

백만억 하늘의 우발라 꽃구름을 비 내리며

백만억 하늘의 구물두 꽃구름을 비 내리며

백만억 하늘의 분타리 꽃구름을 비 내리며

백만억 하늘의 만다라 꽃구름을 비 내리며

백만억 일체 하늘의 꽃구름을 비 내리며

백만억 하늘의 옷 구름을 비 내리며

백만억 하늘의 마니 보배 구름을 비 내리며

백만억 하늘의 일산 구름을 비 내리며

백만억 하늘의 깃발 구름을 비 내리며

백만억 하늘의 의관 구름을 비 내리며

백만억 하늘의 장엄구 구름을 비 내리며

백만억 하늘의 보배 꽃다발 구름을 비 내리며

백만억 하늘의 보배 영락 구름을 비 내리며

백만억 하늘의 전단향 구름을 비 내리며

백만억 하늘의 침수향 구름을 비 내리며

백만억 보배 당기를 건립하며

백만억 보배 깃발을 달며

백만억 보배 비단 띠를 내리며

백만억 보배 향로를 태우며

백만억 보배 꽃다발을 펴며

백만억 보배 부채를 가지며

백만억 보배 불자拂子를 잡으며

백만억 보배 풍경 그물을 달아 미풍이 불어 움직임
에 묘한 소리를 내며

백만억 보배 난간이 두루 돌아 에워쌌으며

백만억 보배 다라 나무가 차례로 행렬하였으며

백만억 묘한 보배 창문이 아름답고 화려하게 장엄
하였으며

백만억 보배 나무가 두루 돌아 그늘을 내렸으며

백만억 누각이 가로세로 아름답게 꾸몄으며

백만억 보배 문에 영락을 내려 폈으며

백만억 황금 풍경이 묘한 소리를 내며

백만억 길상의 모양 영락이 장엄하고 맑게 아래로
내렸으며

백만억 보배 실저가悉底迦가 능히 수많은 악을 제
멸하며

백만억 황금 창고가 황금실로 짜 만들었으며

백만억 보배 일산이 수많은 보배로 간대가 되어
잡고 행렬하였으며

백만억 일체 보배 장엄구 그물이 사이에 섞이어
장엄하였으며

백만억 광명 보배가 가지가지 광명을 놓으며

백만억 광명이 두루 비추며

백만억 태양 창고 바퀴와 백만억 달 창고 바퀴가
모두 한량없는 색상의 보배로 모아서 이룬 바이며

백만억 향 불꽃이 광명이 비치어 사무치며

백만억 연꽃 창고가 피어 아름답고 번성하며

백만억 보배 그물과 백만억 꽃 그물과 백만억
향 그물이 그 위에 두루 덮었으며

백만억 하늘의 보배 옷과

백만억 하늘의 푸른색 옷과

백만억 하늘의 노란색 옷과

백만억 하늘의 붉은색 옷과

백만억 하늘의 기묘한 색옷과

백만억 하늘의 가지가지 보배 기묘한 옷과

백만억 가지가지 향기 풍기는 옷과

백만억 일체 보배로 이룬 바 옷과

백만억 아름다운 흰옷이 모두 잘 펼쳐 있어 보는
사람이 기뻐하며

백만억 하늘의 풍경 당기와 백만억 황금 그물
당기가 미묘한 소리를 내며

백만억 하늘의 비단 당기가 수많은 채색을 구족하

였으며

　백만억 향 당기가 향의 그물을 내려 폈으며

　백만억 꽃 당기가 일체 꽃을 비 내리며

　백만억 하늘의 옷 당기가 묘한 옷을 달아 폈으며

　백만억 하늘의 마니 보배 당기가 수많은 보배로
장엄하였으며

　백만억 하늘의 장엄구 당기가 수많은 기구로 장식
하였으며

　백만억 하늘의 꽃다발 당기가 가지가지 꽃다발로
사면에 행렬하여 펼쳐 있으며

　백만억 하늘의 일산 당기가 보배 풍경으로 온화한
소리를 내어 듣는 사람이 다 기뻐하며

　백만억 하늘의 소라가 미묘한 소리를 내며

　백만억 하늘의 법고가 큰 소리를 내며

　백만억 하늘의 공후箜篌가 미묘한 소리를 내며

백만억 하늘의 모타라가 크고 묘한 소리를 내며

백만억 하늘의 모든 섞인 음악이 동시에 함께 연주하며

백만억 하늘의 자재한 음악이 묘한 소리를 내되 그 소리가 일체 부처님의 세계에 널리 두루하며

백만억 하늘의 변화한 음악이 그 소리가 메아리와 같아서 일체에 널리 응하며

백만억 하늘의 북이 어루만져 침을 인하여 묘한 소리를 내며

백만억 하늘의 뜻대로 되는 음악이 자연히 소리를 내되 음절이 서로 화합하며

백만억 하늘의 모든 섞인 음악이 묘한 소리를 내어 모든 번뇌를 소멸하며

백만억 마음을 기쁘게 하는 소리가 공양을 찬탄하며

백만억 광대한 소리가 받들어 섬김을 찬탄하며

백만억 깊고도 깊은 소리가 수행을 찬탄하며

백만억 수많은 묘한 소리가 부처님의 업과 과보를 찬탄하며

백만억 미세한 소리가 여실한 진리를 찬탄하며

백만억 장애가 없는 진실한 소리가 부처님의 본래 수행을 찬탄하며

백만억 청정한 소리가 과거 모든 부처님께 공양한 것을 찬탄하며

백만억 법문의 소리가 모든 부처님이 가장 수승하여 두려움이 없는 것을 찬탄하며

백만억 한량없는 소리가 모든 보살의 공덕이 끝이 없는 것을 찬탄하며

백만억 보살 지위의 소리가 일체 보살의 지위로 상응하는 행을 열어 보인 것을 찬탄하며

백만억 끊어짐이 없는 소리가 부처님의 공덕이

끊어짐이 없는 것을 찬탄하며

백만억 수순하는 소리가 부처님을 친견하는 행을 찬탄하고 칭양하며

백만억 깊고도 깊은 진리의 소리가 일체법에 걸림이 없는 지혜로 상응하는 진리를 찬탄하며

백만억 광대한 소리 그 소리가 일체 부처님의 세계에 충만하며

백만억 걸림 없는 청정한 소리가 그들의 마음에 좋아함을 따라 다 하여금 환희케 하며

백만억 삼계에 머물지 않는 소리가 그 듣는 사람으로 하여금 깊이 법성에 들어가게 하며

백만억 기뻐하는 소리가 그 듣는 사람으로 하여금 마음에 장애가 없이 깊이 믿고 공경하게 하며

백만억 부처님 경계의 소리가 그 나오는 바 소리를 따라 다 능히 일체법의 의리를 열어 보이며

백만억 다라니의 소리가 일체 법구法句의 차별함을 잘 선설하여 여래의 비밀 창고를 결정코 요달하게 하며

백만억 일체 진리의 소리 그 소리가 화창하여 능히 수많은 음악에 잘 어울렸습니다.

또 백만억 초발심주 보살이 겨우 이 사자자리를 보고 배로 다시 일체 지혜의 마음을 증장하며

백만억 치지주 보살이 마음이 청정하여 기뻐하며

백만억 수행주 보살이 깨달아 아는 것이 청정하며

백만억 생귀주 보살이 수승한 뜻의 즐거움에 머물며

백만억 방편구족주 보살이 대승의 행을 일으키며

백만억 정심주 보살이 일체 보살의 도를 부지런히 닦으며

백만억 불퇴주 보살이 일체 보살의 지위를 청정하

게 닦으며

　백만억 동진주 보살이 일체 보살의 삼매광명을 얻으며

　백만억 법왕자주 보살이 사의할 수 없는 모든 부처님의 경계에 들어가며

　백만억 관정주 보살이 능히 한량없는 여래의 열 가지 힘을 나타내며

　백만억 보살이 자재한 신통을 얻으며

　백만억 보살이 청정한 지해(解)를 출생하며

　백만억 보살이 마음에 사랑하고 좋아함을 출생하며

　백만억 보살이 깊은 믿음이 무너지지 아니하며

　백만억 보살이 세력이 넓고 크며

　백만억 보살이 이름이 증장하며

　백만억 보살이 법의 의리를 연설하여 지혜로 하여

금 결정케 하며

　백만억 보살이 바른 생각으로 산란하지 아니하며

　백만억 보살이 결정한 지혜를 출생하며

　백만억 보살이 듣고 받아 가지는 힘을 얻어 일체 불법을 받아 가지며

　백만억 보살이 한량없이 넓고 큰 깨달음의 지해 (解)를 출생하며

　백만억 보살이 믿음의 뿌리에 편안히 머물며

　백만억 보살이 보시바라밀을 얻어서 능히 일체를 보시하며

　백만억 보살이 지계바라밀을 얻어서 수많은 계율을 갖추어 가지며

　백만억 보살이 인욕바라밀을 얻어서 마음이 허망하게 움직이지 아니하여 다 능히 일체 불법을 참아 받으며

백만억 보살이 정진바라밀을 얻어서 능히 한량없이 벗어나는 정진을 행하며

백만억 보살이 선정바라밀을 얻어서 한량없는 선정의 광명을 구족하며

백만억 보살이 반야바라밀을 얻어서 지혜의 광명이 능히 널리 비치며

백만억 보살이 큰 서원을 성취하여 다 청정하며

백만억 보살이 지혜의 등을 얻어서 법문을 밝게 비추며

백만억 보살이 시방에 모든 부처님의 진리 광명으로 비추는 바가 되며

백만억 보살이 시방에 두루하여 어리석음을 떠나는 법을 연설하며

백만억 보살이 일체 모든 부처님의 국토에 널리 들어가며

백만억 보살이 법신으로 일체 부처님의 국토에 따라 이르며

백만억 보살이 부처님의 음성을 얻어 능히 널리 열어서 깨달으며

백만억 보살이 일체 지혜를 출생하는 방편을 얻으며

백만억 보살이 일체 법문을 성취함을 얻으며

백만억 보살이 법문의 지혜를 성취하되 마치 보배 당기와 같이하여 능히 널리 일체 불법을 현시하며

백만억 보살이 능히 다 여래의 경계를 시현하며

백만억 모든 천왕이 공경스레 예배하며

백만억 용왕이 자세히 관찰하되 싫어함이 없으며

백만억 야차왕이 이마 위에서 합장하며

백만억 건달바왕이 청정하게 믿는 마음을 일으키며

백만억 아수라왕이 교만한 뜻을 끊으며

백만억 가루라왕이 입에 비단 띠를 물었으며

백만억 긴나라왕이 기뻐 뛰며

백만억 마후라가왕이 기뻐 우러러보며

백만억 세간의 주인이 머리 숙여 예를 지으며

백만억 도리천왕이 우러러 눈을 깜짝하지 아니 하며

백만억 야마천왕이 기뻐 찬탄하며

백만억 도솔천왕이 몸을 펴서 예를 지으며

백만억 화락천왕이 이마를 땅에 대고 예경하며

백만억 타화자재천왕이 공경스레 합장하며

백만억 범천왕이 일심으로 관찰하며

백만억 마혜수라천왕이 공경스레 공양하며

백만억 보살이 소리를 내어 찬탄하며

백만억 천녀가 오롯한 마음으로 공양하며

백만억 같은 서원 가진 하늘이 뛰고 기뻐하며

백만억 지난 옛날에 같이 머문 하늘이 묘한 소리로 칭찬하며

백만억 범신천이 몸을 펴서 공경스레 예배하며

백만억 범보천이 이마 위에서 합장하며

백만억 범중천이 에워싸 모시고 호위하며

백만억 대범천이 한량없는 공덕을 찬탄하고 칭양하며

백만억 광천光天이 오체를 땅에 던지며

백만억 소광천이 부처님의 세상은 만나기 어렵다고 선양하고 찬탄하며

백만억 무량광천이 멀리 부처님을 향하여 예배하며

백만억 광음천이 여래는 매우 친견함을 얻기가 어렵다 찬탄하며

백만억 정천이 궁전으로 더불어 함께 이곳에 와서

이르며

　백만억 소정천이 청정한 마음으로 머리 숙여 예를 지으며

　백만억 무량정천이 부처님을 친견하고자 서원하고 몸을 던져 내려오며

　백만억 변정천이 공경하고 존중하여 친근하고 공양하며

　백만억 광천이 옛날에 선근을 생각하며

　백만억 소광천이 여래의 처소에 희유한 생각을 내며

　백만억 무량광천이 결정코 존중하여 모든 선업을 내며

　백만억 광과천이 몸을 굽혀 공경하며

　백만억 무번천이 믿음의 뿌리가 견고하여 공경스레 예배하며

　백만억 무열천이 합장하고 염불하되 마음에 싫어

하거나 만족함이 없으며

　백만억 선견천이 머리 숙여 예를 지으며

　백만억 선현천이 부처님께 공양함을 생각하되
마음에 게으름이 없으며

　백만억 아가니타천이 공경스레 정례하며

　백만억 가지가지 하늘이 다 크게 기뻐하고 소리
내어 찬탄하며

　백만억 모든 하늘이 각각 잘 사유하여 장엄하며

　백만억 보살의 하늘이 부처님의 사자자리를 호지
하여 장엄하기를 끊어지지 않게 하며

　백만억 화수보살이 일체 꽃을 비 내리며

　백만억 향수보살이 일체 향을 비 내리며

　백만억 만수보살이 일체 꽃다발을 비 내리며

　백만억 말향수보살이 일체 가루 향을 비 내리며

　백만억 도향수보살이 일체 바르는 향을 비 내리며

백만억 의수보살이 일체 옷을 비 내리며

백만억 개수보살이 일체 일산을 비 내리며

백만억 당수보살이 일체 당기를 비 내리며

백만억 번수보살이 일체 깃발을 비 내리며

백만억 보수보살이 일체 보배를 비 내리며

백만억 장엄수보살이 일체 장엄구를 비 내리며

백만억 모든 천자가 천궁으로 좇아 나와 사자자리의 처소에 이르며

백만억 모든 천자가 청정하게 믿는 마음으로 궁전과 아울러 함께하며

백만억 생귀천자가 몸으로 사자자리를 호지하며

백만억 관정천자가 온몸으로 사자자리를 호지하며

백만억 사유보살이 공경스레 사유하며

백만억 생귀보살이 청정한 마음을 일으키며

백만억 보살이 육근이 기쁘고 즐거우며

백만억 보살이 깊은 마음이 청정하며

백만억 보살이 믿고 아는 것이 청정하며

백만억 보살이 모든 업이 청정하며

백만억 보살이 생을 받는 것이 자재하며

백만억 보살이 진리의 광명을 비추며

백만억 보살이 지위를 성취하며

백만억 보살이 잘도 능히 일체중생을 교화하였습
니다.

백만억 선근으로 생기하는 바이며

백만억 모든 부처님이 호지하는 바이며

백만억 복덕으로 원만하게 하는 바이며

백만억 수승한 마음으로 청정하게 하는 바이며

백만억 큰 서원으로 단엄하고 청결하게 하는 바

이며

백만억 선행으로 생기하는 바이며

백만억 선법으로 견고하게 하는 바이며

백만억 위신력으로 시현하는 바이며

백만억 공덕으로 성취하는 바이며

백만억 찬탄하는 법으로 찬탄하였습니다.

이 세계에 도솔천왕이 받들어 여래를 위하여 높은 사자자리를 펴 놓음과 같이 일체 세계에 도솔천왕도 다 부처님을 위하여 이와 같이 사자자리를 펴며

이와 같이 장엄하며

이와 같이 법도를 지키며

이와 같이 믿고 좋아하며

이와 같이 마음이 청정하며

이와 같이 기뻐 즐거워하며

이와 같이 환희하여 좋아하며

이와 같이 존중하며

이와 같이 희유한 생각을 내며

이와 같이 뛰며

이와 같이 목말라 우러러보는 것이 다 같았습
니다.

그때에 도솔천왕이 여래를 위하여 사자자리를
펴 놓은 이후에 마음에 존중하는 생각을 내어 십만억
아승지 도솔천자로 더불어 여래를 받들어 맞이하려
함에 청정한 마음으로써 아승지 색상의 꽃구름을
비 내리며

사의할 수 없는 색상의 향 구름을 비 내리며

가지가지 색상의 꽃다발 구름을 비 내리며

광대하고 청정한 전단향 구름을 비 내리며

한량없는 가지가지 일산 구름을 비 내리며

가늘고 묘한 하늘 옷 구름을 비 내리며

끝없는 수많은 묘한 보배 구름을 비 내리며

하늘의 장엄구 구름을 비 내리며

한량없는 가지가지 태우는 향 구름을 비 내리며

일체 전단향과 침수향과 견고향과 가루향 구름을 비 내리되 모든 천자 대중이 각각 그 몸을 좇아 이 모든 구름을 비 내리니

그때에 백천억 아승지 도솔천자와 그리고 나머지 회중에 있던 모든 천자 대중들이 마음에 큰 기쁨을 내어 공경스레 정례하며

아승지 천녀들도 뛰면서 흠모하여 자세히 여래를 관찰하며

도솔천궁 가운데 가히 말할 수 없는 모든 보살 대중이 허공 가운데 머물러 정근을 일심으로 하여 모든 하늘의 공양구를 벗어난 모든 공양구로 부처님 께 공양하고 공경스레 예를 지어 아승지 음악으로

일시에 함께 연주하였습니다.

　그때에 여래의 위신력인 까닭이며

　지나간 옛날에 선근으로 유출한 바인 까닭이며

　가히 사의할 수 없는 자재한 힘인 까닭으로 도솔
천궁 가운데 일체 모든 하늘과 그리고 모든 천녀가
다 멀리서 부처님을 보되 목전에서 대하는 것과
같이하여 다 같이 생각을 일으켜 말하기를 여래가
세상에 나오심을 가히 만나기 어렵거늘 내가 지금
일체 지혜를 구족하여 법에 걸림이 없는 바르고
평등한 깨달음을 얻은 이를 친견함을 얻을 것이라
하여 이와 같이 사유하고 이와 같이 관찰하여 모든
모인 대중으로 더불어 다 같이 동시에 여래를 받들
어 맞이하되 각각 하늘 옷으로써 일체 꽃을 담으며

　일체 향을 담으며

　일체 보배를 담으며

일체 장엄구를 담으며

일체 하늘 전단가루 향을 담으며

일체 하늘 침수가루 향을 담으며

일체 하늘 묘한 보배가루 향을 담으며

일체 하늘 향기 나는 꽃을 담으며

일체 하늘 만다라꽃을 담아서 다 받들어 흩어
부처님께 공양하며

백천억 나유타 아승지 도솔타 천자가 허공 가운데
머물러 다 부처님의 처소에 지혜 경계의 마음을
일으켜 일체 향을 태워 향기로 구름을 만들어 허공을
장엄하며

또 부처님의 처소에 환희하는 마음을 일으켜 일체
하늘 꽃구름을 비 내려 허공을 장엄하며

또 부처님의 처소에 존중하는 마음을 일으켜 일체
하늘 일산 구름을 비 내려 허공을 장엄하며

또 부처님의 처소에 공양하는 마음을 일으켜 일체 하늘 꽃다발 구름을 흩어 허공을 장엄하며

또 부처님의 처소에 믿고 이해하는 마음을 내어 아승지 황금 그물을 펼쳐 허공을 가득 덮으니 일체 보배 풍경이 항상 묘한 소리를 내며

또 부처님의 처소에 가장 수승한 복전의 마음을 내어 아승지 휘장으로써 허공을 장엄하니 일체 영락 구름이 비 내려 끊어짐이 없으며

또 부처님의 처소에 깊이 믿는 마음을 내어 아승지 모든 하늘 궁전으로써 허공을 장엄하니 일체 하늘 음악이 미묘한 소리를 내며

또 부처님의 처소에 가장 수승한 만나기 어려운 마음을 내어 아승지 가지가지 색상의 하늘 옷 구름으로써 허공을 장엄하니 비교할 수 없는 가지가지 묘한 옷을 비 내리며

또 부처님의 처소에 한량없이 환희하고 뛰는 마음

을 내어 아승지 모든 하늘 보배관으로써 허공을 장엄하니 한량없는 하늘 관을 비 내려 광대하게 구름을 만들며

또 부처님의 처소에 환희하는 마음을 내어 아승지 가지가지 색상의 보배로써 허공을 장엄하니 일체 영락 구름이 비 내려 끊어짐이 없으며

백천억 나유타 아승지 천자가 다 부처님의 처소에 청정하게 믿는 마음을 내어 수없는 가지가지 색상의 하늘 꽃을 흩고 수없는 가지가지 색상의 하늘 향을 태워 여래에게 공양하며

또 부처님의 처소에 크게 장엄하고 변화하는 마음을 일으켜 수없는 가지가지 색상의 하늘 전단가루 향을 가져 여래에게 받들어 흩으며

또 부처님의 처소에 환희하고 뛰는 마음을 일으켜 수없는 가지가지 색상의 일산을 가져 여래를 따라

좇으며

또 부처님의 처소에 증상의 마음을 일으켜 수없는 가지가지 색상의 하늘 보배 옷을 가져 도로에 펼쳐 여래에게 공양하며

또 부처님의 처소에 청정한 마음을 일으켜 수없는 가지가지 색상의 하늘 보배 당기를 가져 여래를 받들어 맞이하며

또 부처님의 처소에 증상으로 환희하는 마음을 일으켜 수없는 가지가지 색상의 하늘 장엄구를 가져 여래에게 공양하며

또 부처님의 처소에 무너지지 않는 믿음의 마음을 내어 수없는 하늘 보배 꽃다발을 가져 여래에게 공양하며

또 부처님의 처소에 비교할 수 없는 환희의 마음을 내어 수없는 가지가지 색상의 하늘 보배 깃발을 가져 여래에게 공양하며

백천억 나유타 아승지 모든 천자가 조순하여 고요
하고 방일함이 없는 마음으로 수없는 가지가지 색상
의 하늘 음악을 가져 묘한 음성을 내어 여래에게
공양하며

백천억 나유타 불가설 선세에 도솔천궁에 머물던
모든 보살 대중이 삼계를 뛰어넘은 법으로 더불어
생기한 바와

모든 번뇌를 떠난 행으로 생기한 바와

두루 걸림이 없는 마음으로 생기한 바와

깊고도 깊은 방편의 법으로 생기한 바와

한량없는 광대한 지혜로 생기한 바와

견고하고 청정한 믿음으로 증장한 바와

사의할 수 없는 선근으로 생기한 바와

아승지 선교善巧의 변화로 성취한 바와

부처님께 공양하는 마음으로 시현한 바와

조작이 없는 법문으로 인가한 바인 모든 하늘을 벗어난 모든 공양구로 부처님께 공양하며

바라밀로 좇아 생기한 바 일체 보배 일산과

일체 부처님의 경계에 청정한 지해로 생기한 바 일체 꽃 휘장과

무생법인으로 생기한 바 일체 옷과

금강의 법에 들어가 걸림이 없는 마음으로 생기한 바 일체 풍경 그물과

일체법이 환상과 같은 줄 아는 마음으로 생기한 바 일체 견고한 향과

일체 부처님의 경계인 여래의 자리에 두루한 마음으로 생기한 바 일체 부처님의 수많은 보배로 된 묘한 자리와

부처님께 공양하는 게으르지 않는 마음으로 생기한 바 일체 보배 당기와

모든 법이 꿈과 같은 줄 아는 환희심으로 생기한 바인 부처님이 머무시는 바 일체 보배 궁전과

집착함이 없는 선근과 생기함이 없는 선근으로 생기한 바 일체 보배 연꽃 구름과

일체 견고한 향 구름과 일체 끝없는 색상 꽃구름과

일체 가지가지 색상 묘한 옷 구름과

일체 끝없는 청정한 전단향 구름과

일체 묘한 장엄 보배 일산 구름과

일체 태우는 향 구름과

일체 묘한 꽃다발 구름과

일체 청정한 장엄구 구름이 다 법계에 두루하여 모든 하늘을 벗어난 공양구로 부처님께 공양하며

그 모든 보살이 낱낱 몸에 각각 가히 말할 수 없는 백천억 나유타 보살을 출생하여 다 법계와

허공계에 충만케 하며

그 마음이 삼세에 모든 부처님과 평등하며

거꾸러짐이 없는 법으로 좇아 생기한 바이며

한량없는 여래의 힘으로 가피한 바이며

중생에게 안은한 길을 열어 보이며

가히 말할 수 없는 이름과 의미와 구절을 구족하며

한량없는 법인 일체 다라니 종성 가운데 널리 들어가며

가히 다할 수 없는 변재의 창고를 생기하며

마음에 두려워하는 바가 없이 크게 환희하는 마음을 생기하며

가히 말할 수도 없이 한량도 없고 다할 수도 없는 여실하게 찬탄하는 법으로 여래를 찬탄하되 싫어하거나 만족함이 없었습니다.

그때에 일체 모든 하늘과 그리고 모든 보살 대중이

여래 응공 정등각의 가히 사의할 수 없는 사람 가운데 영웅을 친견하니

그 몸이 무량하여 가히 그 수를 헤아릴 수 없는지라 사의할 수 없는 가지가지 신통변화를 나타내어 수없는 중생으로 하여금 마음을 크게 환희케 하며

널리 일체 허공계와 일체 법계에 두루하여 부처님의 장엄으로써 장엄하여 일체중생으로 하여금 선근에 편안히 머물게 하며

한량없는 모든 부처님의 위신력을 시현하고 일체 모든 언어의 길을 초과하여 모든 큰 보살이 함께 공경하는 바라 응당 교화할 바를 따라서 다 하여금 환희케 하며

모든 부처님의 광대한 몸에 머물러 공덕선근이 다 이미 청정하고 색상이 제일이라 능히 그 빛을 빼앗을 수 없으며

지혜의 경계가 가히 다할 수 없는지라 비교할

수 없는 삼매로 출생한 바이며

그 몸이 끝이 없는지라 일체중생의 몸 가운데 두루 머물러 한량없는 중생으로 하여금 다 크게 환희케 하며

일체 지혜로 하여금 종성이 끊어지지 않게 하며

모든 부처님이 구경에 머무신 곳에 머물러 삼세에 모든 부처님의 집에 태어나 가히 헤아릴 수 없는 중생으로 하여금 믿고 아는 것이 청정케 하며

일체 보살로 하여금 지혜가 성취되어 육근이 기쁘게 하며

진리의 구름이 허공계와 법계를 널리 덮어 교화하고 조복하기를 남김없이 하게 하며

중생의 마음을 따라서 다 하여금 만족케 하여 그 중생으로 하여금 무분별 지혜에 편안히 머물러 일체중생의 분상을 벗어나게 하며

일체 지혜를 얻어 큰 광명을 놓아 숙세의 선근이 다 하여금 나타나게 하며

널리 일체중생으로 하여금 광대한 마음을 일으켜 일체중생으로 하여금 보현의 가히 깨뜨릴 수 없는 지혜에 편안히 머물게 하며

일체중생의 국토에 두루 머물러 물러나지 않는 정법 가운데로 좇아 생기하여 일체 평등한 법계에 머물며

중생의 마음에 마땅한 바를 분명하게 알아 가히 말할 수 없고 가히 말할 수 없는 가지가지 차별한 여래의 몸을 나타내나니 세간의 말로 찬탄하여도 가히 다할 수 없으며

능히 일체중생으로 하여금 항상 부처님을 생각하는 것이 법계에 충만하여 널리 중생을 제도하기를 생각하게 하며

처음 발심하여 이익케 하고자 한 바를 따라 진리로

써 은혜로이 보시하여 그들로 하여금 조복하여 믿고 아는 것이 청정하고 색신을 시현하는 것이 사의할 수 없게 하며

중생을 평등하게 관찰하여 마음이 집착하는 바가 없으며

걸림이 없이 머무는 곳에 머물러 부처님의 열 가지 힘을 얻어 장애되는 바가 없으며

마음이 항상 고요히 삼매에 들어 일찍이 산란하지 아니하여 일체 지혜에 머물렀습니다.

승도솔천궁품②

잘도 능히 가지가지 문구文句의 진실한 뜻을 열어 연설하며

능히 다 끝없는 지혜의 바다에 깊이 들어가며

한량없는 공덕과 지혜의 창고를 출생하며

항상 부처님의 태양으로써 널리 법계를 비추며

본래의 원력을 따라서 항상 나타나 사라지지 아니하며

항상 법계에 머물고 부처님이 머무시는 곳에 머물며

이변이 없으며

아我와 아소我所에 함께 집착하는 바가 없으며

출세간법에 머물러 세간법에 물들지 아니하며

일체 세간에 지혜의 당기를 세우니 그 지혜가 광대하여 세간을 뛰어넘어 물들거나 집착하는 바가 없으며

모든 중생을 빼내어 하여금 진흙탕에서 탈출케 하여 최상의 지혜의 땅에 두며

소유한 복덕으로 중생을 넉넉히 이익케 하되 끝이 없이 하며

일체 보살의 지혜와 믿음과 나아가는 것이 결정하여 마땅히 정각을 성취하는 줄 요달하여 알며

큰 자비로써 가히 말할 수도 없고 한량도 없는 부처님의 몸을 나타내어 가지가지로 장엄하며

묘한 음성으로써 한량없는 법문을 연설하되 중생의 뜻을 따라 다 하여금 만족케 하며

과거와 미래와 지금에 마음이 항상 청정하여 모든 중생으로 하여금 경계에 집착하지 않게 하며

항상 일체 모든 보살에게 수기를 주어 그로 하여금 다 부처님의 종성에 들어가 부처님의 집에 태어나 부처님의 관정을 얻게 하며

항상 시방에 노닐기를 일찍이 쉼 없이 하였지만 저 일체에 좋아하거나 집착하는 바가 없으며

법계 부처님의 세계에 다 능히 두루 가서 모든 중생의 마음을 알지 못함이 없지만 소유한 복덕은 세간을 떠나 청정하여 생사에 머물지 않고 저 세간에 그림자 같이 널리 나타나며

지혜의 달로써 법계를 널리 비추어 일체가 다 얻을 바가 없는 줄 요달하며

항상 지혜로써 모든 세간이 환상과 같고 그림자와 같으며 꿈과 같고 변화와 같아서 일체가 다 마음으로 자성을 삼아 이와 같이 머무는 줄 알며

모든 중생의 업보가 같지 아니함과 마음에 좋아함이 차별함과 모든 근기가 각각 다름을 따라서 부처님의 몸을 나타내며

여래가 항상 수없는 중생으로써 인연하는 바가 되어 그들을 위하여 세간이 다 인연으로 좇아 일어남을 설하며

모든 법의 모습이 다 모습이 없어서 오직 한 모습이며 지혜의 근본임을 알아 중생으로 하여금 모든 모습에 집착함을 떠나게 하고자 하여 일체 세간의 자성과 모습을 시현하고 세간에 행하여 그들을 위하여 더 이상 없는 보리를 열어 보이며

일체중생을 구호하고자 하기 위하여 세간에 출현하여 불도를 열어 보여 그들로 하여금 여래의 신상을 봄을 얻어 반연하고 기억하고 생각하여 부지런히 가행으로 닦아 익히게 하며

세간에 번뇌의 모습을 제멸하여 보리의 행을 닦되 마음이 산란하거나 동요하지 아니하여 대승의 법문에 다 원만함을 얻어 일체 모든 부처님의 의리義利를 성취케 하며

중생의 선근을 다 능히 관찰하지만 청정한 업보를 무너뜨리지 않고 지혜로 분명하게 알아 널리 삼세에 들어가며

일체 세간의 분별을 영원히 버리고 광명의 그물을 놓아 시방의 일체 세계에 널리 비추어 충만케 아니함이 없으며

색신이 묘호하여 보는 사람마다 싫어함이 없으며 큰 공덕과 지혜와 신통으로써 가지가지 보살의 모든 행을 출생하지만 육근과 경계에 자재하고 원만하여 모든 불사를 짓고 지은 이후에는 곧 사라지며 과거와 현재와 미래에 일체 지혜의 도를 잘도

능히 열어 보이고 모든 보살을 위하여 한량없는
다라니의 비를 널리 내려 그로 하여금 광대한 욕망과
희락을 일으켜 받아 가지고 닦아 익히게 하며

일체 모든 부처님의 공덕을 성취하여 원만케 하고
치성케 하여 끝없는 묘한 색상으로 그 몸을 장엄하여
일체 세간에 나타냄에 보지 아니함이 없으며

일체 장애하는 법을 영원히 떠나 일체법의 진실한
뜻에 이미 청정함을 얻었고 공덕의 법에 자재함을
얻었으며

큰 법왕이 되어 태양과 같이 널리 비추며
세간에 복전이 되어 큰 위덕을 갖추며
일체 세간에 널리 화신을 나타내며
지혜의 광명을 놓아 다 하여금 열어 깨닫게 하며
중생으로 하여금 부처님이 끝없는 공덕을 구족하
신 것을 알게 하고자 하며

걸림이 없는 비단 떠로써 머리를 매어 지위를 받으며

세간을 따라 방편으로 열어 인도하며

지혜의 손으로써 중생을 편안히 위로하며

큰 의왕이 되어 수많은 병을 잘 치료하며

일체 세간의 한량없는 국토에 다 능히 두루 가되 일찍이 쉰 적이 없으며

청정한 지혜의 눈이 모든 장애를 떠나 다 능히 분명하게 보며

불선한 마음을 짓는 악업 중생에게 가지가지로 조복하여 그 중생으로 하여금 도에 들어가게 하되 마땅한 때를 잘 취하여 쉼 없이 하며

만약 모든 중생이 평등한 마음을 일으킨다면 곧 평등한 업보를 변화하여 나타내며

그들의 마음에 좋아함을 따르고 그들의 업에 결과를 따라 부처님의 몸을 나타내어 가지가지 신통변화

로 법을 설하며

그들로 하여금 깨달아 법의 지혜를 얻게 하며

마음이 크게 환희하여 육근이 뛰며

한량없는 부처님을 친견하고 깊고 소중한 믿음을
일으키며

모든 선근을 내어 영원히 물러나지 아니하며

일체중생이 업에 매인 바를 따라서 생사에 길이
자고 있기에 여래가 세상에 출현하여 능히 그들을
깨닫게 하고 그들의 마음을 편안히 위로하여 하여금
근심과 두려움이 없게 하며

만약 친견함을 얻는 사람이 있다면 다 하여금
의지함이 없는 의지義智에 증득하여 들어가게 하며

지혜의 좋은 기술로 경계를 요달하며

장엄이 묘호하여 능히 비추어 빼앗을 수 없으며

지혜의 산과 진리의 싹이 다 이미 청정하며

혹은 보살을 나타내고 혹은 불신을 나타내어 모든 중생으로 하여금 근심이 없는 지위에 이르게 하며

수없는 공덕의 장엄한 바와 업행의 이룬 바로 세간에 출현하시니,

일체 모든 부처님의 장엄이 청정한 것이 다 일체 지혜 업의 성취한 바가 아님이 없으며

항상 본래의 서원을 지켜 세간을 버리지 않고 모든 중생의 견고한 선우를 지으며

청정하기 제일가는 때 없는 광명을 일체중생으로 하여금 다 나타내어 봄을 얻게 하며

육취의 중생이 한량도 없고 끝도 없지만 부처님이 위신력으로써 항상 수순하여 버리지 아니하며

만약 지나간 옛날에 선근을 함께 심은 것이 있다면 다 하여금 청정케 하며

저 육취의 일체중생에게 본래의 서원을 버리지

않고 속이는 바도 없으며

　다 선법과 방편으로써 섭취하여 그로 하여금 청정
한 업을 닦아 익혀 일체 모든 마군의 투쟁을 꺾어
깨뜨리게 하며

　　걸림이 없는 경계를 좇아 광대한 힘을 출생하며

　　가장 수승한 태양의 창고가 장애가 없으며

　　청정한 마음의 세계에 영상을 나타내며

　　일체 세간이 보지 아니함이 없으며

　　가지가지 법으로 널리 중생에게 보시하며

　　부처님은 이 끝없는 광명의 창고이며

　　모든 힘과 지혜가 다 원만하며

　　항상 큰 광명으로써 널리 중생을 비추며

　　그들이 원하는 바를 따라서 다 하여금 만족하여
모든 원수와 적을 떠나게 하며

　　최상의 복밭이 되어 일체중생이 함께 의지하여

믿는 바며

　무릇 베푸는 바가 있음에 다 하여금 청정케 하며

　적은 선행을 닦아도 한량없는 복을 받게 하며

　다 하여금 끝없는 지혜의 땅에 들어감을 얻게
하며

　일체중생의 선근을 심는 청정한 마음의 주인이
되며

　일체중생의 복덕을 발생하는 최상의 좋은 밭이
되며

　지혜의 깊고도 깊은 것과 방편의 좋은 기술로
능히 일체 삼악도의 고통을 구제하나니

　이와 같이 믿고 알며

　이와 같이 관찰하며

　이와 같이 지혜의 못에 들어가며

　이와 같이 공덕의 바다에 노닐며

이와 같이 널리 허공의 지혜에 이르며

이와 같이 중생의 복밭을 알며

이와 같이 바른 생각으로 눈앞에서 관찰하며

이와 같이 부처님의 모든 업과 상호를 관찰하며

이와 같이 부처님의 세간에 널리 나타남을 관찰하며

이와 같이 부처님의 신통이 자재함을 관찰합니다.

그때에 저 대중이 여래의 몸을 봄에 낱낱 털구멍에 백천억 나유타 아승지의 광명이 출생하며

낱낱 광명에 아승지의 색상과 아승지의 청정과 아승지의 조명照明이 있어서 아승지의 대중으로 하여금 관찰케 하며

아승지의 대중으로 환희케 하며

아승지의 대중으로 쾌락케 하며

아승지의 대중으로 믿음이 증장케 하며

아승지의 대중으로 마음에 즐거움이 청정케 하며

아승지의 대중으로 육근이 청량케 하며

아승지의 대중으로 공경하고 존중케 합니다.

그때에 대중이 다 부처님의 몸을 봄에 백천억 나유타 사의할 수 없는 큰 광명을 놓으며

낱낱 광명에 다 사의할 수 없는 색상과 사의할 수 없는 광명이 있어 사의할 수 없고 끝이 없는 법계를 비추어 부처님의 위신력으로 크고 묘한 음성을 내어 그 음성으로 백천억 나유타 사의할 수 없는 찬송을 연창하시니

모든 세간에 있는 바 말을 초월하고 출세간에 선근으로 성취한 바이며

다시 백천억 나유타 사의할 수 없는 미묘한 장엄을 나타내시니

백천억 나유타 사의할 수 없는 세월에 찬탄할지라

도 가히 다할 수 없고 다 이 여래의 다함없는 자재한 힘으로 출생한 바이며

또 가히 말할 수 없는 모든 부처님 여래가 세상에 출흥하심을 나타내시니

모든 중생으로 하여금 지혜의 문에 들어가 깊고도 깊은 뜻을 알게 하며

또 가히 말할 수 없는 모든 부처님 여래가 소유한 신통변화를 나타내되 법계와 허공계가 다하도록 일체 세간으로 하여금 평등하게 청정케 하시니

이와 같은 것이 다 여래가 머무신 바 장애가 없는 일체 지혜로 좇아 생기하고 또한 여래가 수행한 바 사의할 수 없는 수승한 공덕으로 좇아 생기한 것이며

다시 백천억 나유타 사의할 수 없는 묘한 보배 광명의 불꽃을 나타내시니

옛날에 큰 서원의 선근으로 좇아 생기하여 일찍이

한량없는 여래에게 공양하고 청정한 행을 닦아 방일함이 없는 까닭이며

살바야의 마음이 장애가 없어서 선근을 생기하는 까닭이니 여래의 힘이 널리 두루함을 나타내기 위한 까닭이며

일체중생의 의심을 끊기 위한 까닭이며

하여금 다 여래를 친견함을 얻기 위한 까닭이며

한량없는 중생으로 하여금 선근에 머물게 하기 위한 까닭이며

여래의 신통력을 비추어 빼앗을 수 없음을 현시하기 위한 까닭이며

중생으로 하여금 널리 구경의 바다에 들어감을 얻게 하고자 하기 위한 까닭이며

일체 모든 부처님의 국토에 보살대중으로 하여금 다 와서 모이게 하기 위한 까닭이며

가히 사의할 수 없는 부처님의 법문을 열어 보이고자 하기 위한 까닭입니다.

그때에 여래가 큰 자비로 널리 덮고 일체 지혜로 소유한 장엄을 시현하여 가히 말할 수 없는 백천억 나유타 아승지의 세계 가운데 중생으로 하여금 아직 믿지 않는 사람은 믿게 하며

이미 믿는 사람은 증장케 하며

이미 증장한 사람은 그 마음으로 하여금 청정케 하며

이미 청정한 사람은 그 마음으로 하여금 성숙케 하며

이미 성숙한 사람은 그 마음으로 하여금 조복케 하며

깊고도 깊은 법을 관찰케 하며

한량없는 지혜의 광명을 구족케 하며

한량없는 광대한 마음을 발생케 하며

살바야 마음에 물러남이 없게 하며

법성에 어긋남이 없게 하며

실제實際를 두려워하지 않게 하며

진실한 이치를 증득케 하며

일체 바라밀행을 만족케 하며

출세간의 선근이 다 청정케 하며

비유하자면 보현보살과 같이 부처님의 자재함을
얻게 하며

마군의 경계를 여의고 모든 부처님의 경계에 들어
가게 하며

깊은 법을 요달하여 알고 사의하기 어려운 지혜를
얻게 하며

대승의 서원에 영원히 물러나지 않게 하며

항상 모든 부처님을 보아 일찍이 버리고 떠나지
않게 하며

증지證智를 성취하여 한량없는 법을 증득케 하며

끝없는 복덕 창고의 힘을 구족케 하며

환희심을 일으켜 의심이 없는 지위에 들어가게 하며

악을 떠나 청정케 하며

일체 지혜를 의지하여 법이 동요하지 아니함을 보게 하며

일체 보살의 대중이 모인 곳에 들어감을 얻게 하며

항상 삼세에 모든 여래의 집에 태어나게 하고자 합니다.

세존이 시현한 바 이와 같은 장엄이 다 과거에 먼저 쌓아 모은 바 선근으로 이룬 바이니

모든 중생을 조복하고자 하는 까닭이며

여래의 큰 위덕을 열어 보이고자 하는 까닭이며

걸림이 없는 지혜의 창고를 조명하고자 하는 까닭이며

여래의 끝없는 수승한 공덕이 지극히 치연함을 시현하고자 하는 까닭이며

여래의 가히 사의할 수 없는 큰 신통변화를 현시하고자 하는 까닭이며

신통력으로써 일체 육취에 부처님의 몸을 나타내고자 하는 까닭이며

여래의 신통변화가 끝이 없음을 시현하고자 하는 까닭이며

본래 마음에 서원한 바를 다 성만하고자 하는 까닭이며

여래의 용맹한 지혜가 능히 두루 가는 것을 현시하고자 하는 까닭이며

법에 자재하여 법왕을 이루고자 하는 까닭이며

일체 지혜의 문을 출생하고자 하는 까닭이며

여래의 몸이 청정함을 시현하고자 하는 까닭이며

또 그 몸이 가장 수승하고 묘함을 시현하고자 하는 까닭이며

삼세에 모든 부처님의 평등한 법을 현시하고자 하는 까닭이며

선근의 청정한 창고를 열어 보이고자 하는 까닭이며

세간에 능히 비유할 수 없는 최상의 묘한 색상을 현시하고자 하는 까닭이며

열 가지 힘을 구족한 모습을 현시하여 그것을 보는 사람으로 하여금 싫어하거나 만족함이 없게 하고자 하는 까닭이며

세간에 태양이 되어 삼세를 비추고자 하는 까닭입니다.

자재한 법왕의 일체 공덕이 다 지나간 옛날에

선근으로 좇아 나타난 바이니

일체 보살이 일체 세월에 칭양하고 찬탄하여 설할
지라도 가히 다할 수 없습니다.

그때에 도솔타천왕이 여래를 받들어 이와 같은
모든 공양구를 장엄하여 갖춘 이후에 백천억 나유타
아승지 도솔타천자로 더불어 부처님을 향하여 합장
하고 부처님께 여쭈어 말하기를 잘 오셨나이다. 세
존이시여,

잘 오셨나이다. 선서시여,

잘 오셨나이다. 여래 응공 정등각이시여,

오직 어여삐 보아 이 궁전에 거처하소서.

그때에 세존이 부처님의 장엄으로써 스스로 장엄
하여 큰 위덕을 구족하시니

일체중생으로 하여금 큰 환희를 내게 하기 위한

까닭이며

　일체 보살로 깊이 깨달아 앎을 일으키게 하기 위한 까닭이며

　일체 도솔타천자로 욕망과 즐거움을 증익케 하기 위한 까닭이며

　도솔타천왕으로 공양하고 받들어 섬기기를 싫어하거나 만족함이 없게 하기 위한 까닭이며

　한량없는 중생으로 부처님을 반연하고 생각하여 발심케 하기 위한 까닭이며

　한량없는 중생으로 부처님을 친견할 선근을 심어 복덕이 끝이 없게 하기 위한 까닭이며

　항상 능히 청정한 믿음을 일으키게 하기 위한 까닭이며

　부처님을 친견하고 공양하지만 구하는 바가 없게 하기 위한 까닭이며

　소유한 뜻과 서원을 다 청정케 하기 위한 까닭이며

부지런히 선근을 모아 게으름이 없게 하기 위한 까닭이며

큰 서원을 일으켜 일체 지혜를 구하게 하기 위한 까닭으로 도솔타천왕의 청을 받고 일체 보배 장엄 궁전에 들어가시니

이 세계와 같아서 시방에 있는 바 일체 세계에도 다 또한 이와 같이 하셨습니다.

그때에 일체 보배 장엄 궁전에 자연히 묘호한 장엄이 있으니

모든 하늘의 장엄에 최상의 장엄을 벗어났으며

일체 보배 그물로 두루 돌아 가득 덮었으며

널리 일체 최상으로 묘한 보배 구름을 비 내리며

널리 일체 장엄구 구름을 비 내리며

널리 일체 보배 옷 구름을 비 내리며

널리 일체 전단향 구름을 비 내리며

널리 일체 견고향 구름을 비 내리며

널리 일체 보배 장엄 일산 구름을 비 내리며

널리 가히 사의할 수 없는 꽃 뭉치 구름을 비 내리며

널리 가히 사의할 수 없는 기악과 음성을 내어 여래의 일체종지를 찬양하되 묘법으로 더불어 함께 상응하나니,

이와 같은 일체 모든 공양구가 다 모든 하늘의 공양구에 최상의 공양구를 벗어났습니다.

그때에 도솔천궁 가운데 기악과 노래와 찬탄이 치연하여 쉬지 않나니

부처님의 위신력으로 도솔천왕으로 하여금 마음이 동요하거나 산란함이 없게 하며

지나간 옛날에 선근이 다 원만함을 얻게 하며

한량없는 선한 법이 더욱더 견고하게 하며

청정한 믿음이 증장하여 큰 정진을 일으키게 하며

큰 환희를 내어 깊이 마음에 좋아하는 것을 깨끗이

하게 하며

보리심을 일으켜 법을 생각하는 것이 끊어지지

않게 하고 모두 가져 잊지 않게 하였습니다.

그때에 도솔타천왕이 부처님의 위신력을 받아

곧 스스로 과거 부처님의 처소에 심은 바 선근을

기억하여 생각하고 게송을 설하여 말하기를

옛날에 여래가 있었으니 걸림이 없는 달입니다.

모든 길상 가운데 가장 수승하시니

저 여래가 일찍이 이 장엄 궁전에 들어오셨기에

이런 까닭으로 이곳이 가장 길상합니다.

옛날에 여래가 있었으니 이름이 넓은 지혜입니다.

모든 길상 가운데 가장 수승하시니
저 여래가 일찍이 이 금색 궁전에 들어오셨기에
이런 까닭으로 이곳이 가장 길상합니다.

옛날에 여래가 있었으니 이름이 넓은 눈입니다.
모든 길상 가운데 가장 수승하시니
저 여래가 일찍이 이 연꽃 궁전에 들어오셨기에
이런 까닭으로 이곳이 가장 길상합니다.

옛날에 여래가 있었으니 이름이 산호입니다.
모든 길상 가운데 가장 수승하시니
저 여래가 일찍이 이 보배 장엄 궁전에 들어오셨기에
이런 까닭으로 이곳이 가장 길상합니다.

옛날에 여래가 있었으니 논리의 사자입니다.
모든 길상 가운데 가장 수승하시니

저 여래가 일찍이 이 산왕 궁전에 들어오셨기에

이런 까닭으로 이곳이 가장 길상합니다.

옛날에 여래가 있었으니 이름이 태양의 비춤입니다.

모든 길상 가운데 가장 수승하시니

저 여래가 일찍이 이 수많은 꽃 궁전에 들어오셨기에

이런 까닭으로 이곳이 가장 길상합니다.

옛날에 부처님이 있었으니 이름이 끝없는 광명입니다.

모든 길상 가운데 가장 수승하시니

저 부처님이 일찍이 이 나무 궁전에 들어오셨기에

이런 까닭으로 이곳이 가장 길상합니다.

옛날에 여래가 있었으니 이름이 법의 당기입니다.

모든 길상 가운데 가장 수승하시니

저 여래가 일찍이 이 보배 궁전에 들어오셨기에

이런 까닭으로 이곳이 가장 길상합니다.

옛날에 여래가 있었으니 이름이 지혜의 등불입니다.
모든 길상 가운데 가장 수승하시니
저 여래가 일찍이 이 향기산 궁전에 들어오셨기에
이런 까닭으로 이곳이 가장 길상합니다.

옛날에 부처님이 있었으니 이름이 공덕의 광명입니다.
모든 길상 가운데 가장 수승하시니
저 부처님이 일찍이 이 마니 궁전에 들어오셨기에
이런 까닭으로 이곳이 가장 길상합니다.

이 세계에 도솔천왕이 부처님의 위신력을 받아
게송으로 과거 모든 부처님을 찬탄하는 것과 같이
시방의 일체 모든 세계 가운데 도솔천왕도 다 또한
이와 같아서 부처님의 공덕을 찬탄하였습니다.

그때에 세존이 일체 보배 장엄 궁전의 마니보배 창고 사자의 자리 위에서 결가부좌하시니

법신이 청정하며

묘용이 자재하며

삼세에 부처님으로 더불어 경계가 동일하며

일체 지혜에 머물며

일체 부처님으로 더불어 함께 한 자성에 들어가며

부처님의 눈이 명료하여 일체법을 보되 다 장애가 없으며

큰 위신력이 있어 널리 법계에 노닐되 일찍이 휴식함이 없으며

큰 신통을 구족하여 가히 교화할 중생이 있는 곳을 따라 다 능히 두루 가며

일체 모든 부처님의 걸림 없는 장엄으로 그 몸을 장엄하였습니다.

그 때를 잘 알아 대중을 위하여 법을 설하려 하시니

가히 말할 수 없는 모든 보살 대중이 각각 타방세계에 가지가지 국토로 좇아 함께 와서 모이는데 모인 대중이 청정하고 법신法身이 둘이 없어서 의지할 바가 없지만 능히 자재로 불신佛身의 행을 일으킵니다.

이 자리에 앉으신 이후에 그 궁전 가운데서 자연스레 한량도 없고 수도 없는 수특하고 묘호한 모든 하늘의 공양구보다 뛰어난 공양구가 있으니

말하자면 꽃목걸이와 의복과 바르는 향과 가루향과 보배일산과 당기와 번기와 기악과 노래와 찬탄입니다.

이와 같은 사실이 낱낱이 다 가히 그 수를 헤아릴 수 없이 많지만 광대한 마음으로 공경하고 존중하여 부처님께 공양하나니

시방의 일체 도솔타천에서도 다 또한 이와 같이
하였습니다.

도솔천궁계찬품

그때에 부처님의 위신력인 까닭으로 시방에 각각
한 사람의 큰 보살이 있어서 낱낱이 각각 일만 부처님
의 국토에 작은 티끌 수만치 많은 보살로 더불어
함께 일만 부처님의 국토에 작은 티끌 수만치 많은
국토 밖에 모든 세계 가운데로 좇아 와서 부처님의
처소에 나아가니

그 이름을 말하자면 금강당보살과 견고당보살과
용맹당보살과 광명당보살과
지당보살과 보당보살과
정진당보살과 이구당보살과
성수당보살과 법당보살이요
좇아온 바 국토는 말하자면 묘보세계와 묘락세

계와

묘은세계와 묘금세계와

묘마니세계와 묘금강세계와

묘파두마세계와 묘우발라세계와

묘전단세계와 묘향세계요

각각 부처님의 처소에서 범행을 청정하게 수행하

였으니,

말하자면 무진당불과 풍당불과

해탈당불과 위의당불과

명상당불과 상당불과

최승당불과 자재당불과

범당불과 관찰당불입니다.

그 모든 보살이 부처님의 처소에 이른 이후에

부처님의 발에 정례하고 부처님의 위신력으로써

곧 묘한 보배 창고 사자의 자리를 변화하여 만들되

보배 그물로 가득 덮어 두루 돌아 변만케 하였으며 모든 보살 대중이 좇아온 바 방소를 따라 각각 그 위에 결가부좌하여 그 몸에 다 백천억 나유타 아승지의 청정한 광명을 놓으니

이 한량없는 광명이 다 보살의 청정한 마음의 보배가 수많은 과오를 떠난 큰 서원으로 좇아 생기한 바입니다.

일체 모든 부처님의 자재하고 청정한 법을 현시하며

모든 보살의 평등한 원력으로 능히 널리 일체중생을 구호하나니

일체 세간이 보기 좋아하는 바로 보는 사람은 헛되지 아니하여 다 조복함을 얻었습니다.

그 보살대중이 다 이미 한량없는 공덕을 성취하였으니,

말하자면 일체 모든 부처님의 국토에 두루 노닐되 장애하는 바가 없으며

의지함이 없는 청정한 법신을 보며

지혜의 몸으로써 한량없는 몸을 나타내어 시방에 두루 가서 모든 부처님을 받들어 섬기며

모든 부처님의 한량도 없고 끝도 없고 가히 사의할 수도 없는 자재한 법에 들어가며

한량없는 일체 지혜의 문에 머물러 지혜의 광명으로써 모든 법을 잘 요달하며

모든 법 가운데 두려워하는 바가 없음을 얻어 연설하는 바를 따르지만 미래의 끝이 다하도록 변재가 다함이 없으며

큰 지혜로써 총지문을 열며

지혜의 눈이 청정하여 깊은 법계에 들어가며

지혜의 경계가 끝이 없으며

구경에 청정한 것이 비유하자면 허공과 같습니다.

이 세계의 도솔천궁에 모든 보살대중이 이와 같이 와서 모인 것과 같이 시방의 일체 도솔천궁에도 다 이와 같은 이름을 가진 보살이 와서 모이니

좇아온 바 국토와 모든 부처님의 이름도 또한 다 같아서 차별이 없었습니다.

그때에 세존이 두 무릎을 좇아 백천억 나유타 광명을 놓아 널리 시방의 모든 법계와 허공계와 일체 세계를 비추니

저 모든 보살이 다 이 부처님의 신통변화의 모습을 보며

이 모든 보살도 또한 저 일체 여래의 신통변화의 모습을 봅니다.

이와 같은 보살이 다 비로자나여래로 더불어 지나간 옛날 시절에 함께 선근을 심고 보살행을 닦아

다 이미 모든 부처님의 자재한 깊고도 깊은 해탈에 깨달아 들어가 차별이 없는 법계의 몸을 얻었으며

일체 국토에 들어가지만 머무는 바가 없이 한량없는 부처님을 친견하고 다 가서 받들어 섬겼으며

한 생각 가운데 법계에 두루 가는 것을 자재로 걸림이 없이 하지만 마음이 청정한 것이 값으로 따질 수 없는 보배와 같았으며

한량도 없고 수도 없는 모든 부처님 여래가 항상 가피하고 호념하여 함께 그 힘을 주어 구경에 제일가는 피안에 이르게 하였으며

항상 청정한 생각으로 더 이상 없는 깨달음에 머물러 생각 생각에 항상 일체 지혜의 처소에 들어갔으며

작은 것으로 큰 것에 들게 하고 큰 것으로 작은 것에 들게 하지만 다 자재함을 얻어 통달하여 걸림이 없고 이미 부처님의 몸을 얻어 부처님으로 더불어

함께 머물렀으며

일체 지혜를 얻고 일체 지혜를 좇아 그 몸을 생기하였으며

일체 여래가 행하신 바 처소에 다 능히 따라 들어가 한량없는 지혜의 법문을 열었으며

금강의 당기 큰 지혜의 피안에 이르러 금강삼매를 얻어 모든 의혹을 끊었으며

이미 모든 부처님의 자재한 신통을 얻어 널리 일체 시방의 국토에서 백천만억 수없는 중생을 교화하여 조복하고도 일체 교화한 중생의 수에 비록 집착하는 바가 없지만 잘 능히 수학하고 성취하고 구경究竟까지 하여 방편으로 일체 모든 법을 안립하였습니다.

이와 같은 등 백천억 나유타 가히 말할 수 없고 다할 수 없는 청정한 삼세에 일체 한량없는 공덕의

창고인 모든 보살대중이 다 와서 모여 부처님의
처소에 있으니

  광명을 인하여 보는 바 일체 부처님의 처소에도
다 또한 이와 같았습니다.

  그때에 금강당보살이 부처님의 위신력을 받아
널리 시방을 관찰하고 게송을 설하여 말하기를

여래는 세간에 출현한 적도 없으며
또한 열반에 든 적도 없지만
본래의 큰 서원의 힘으로써
자재한 법을 시현하십니다.

이 법은 사의하기 어려워
마음으로 행할 바 처소가 아니니
지혜로 피안에 이르러야

이에 모든 부처님의 경계를 볼 것입니다.

색신은 부처님이 아니며
음성도 또한 다시 그러하지만
또한 색신과 음성을 떠나
부처님의 신통력을 볼 수 있는 것도 아닙니다.

지혜가 적은 사람은
능히 부처님의 진실한 경계를 알 수 없나니
오랫동안 청정한 업을 닦아야
이에 능히 알 수 있을 것입니다.

정각은 오신 곳도 없으며
가심에 또한 좇아가시는 바도 없지만
청정하고 묘한 색신이
신통력을 인한 까닭으로 나타나십니다.

한량없는 세계 가운데

여래의 몸을 시현하여

미묘한 법을 널리 설하시지만

그 마음은 집착하는 바가 없으십니다.

지혜가 끝이 없어

일체법을 요달하셨기에

널리 법계에 들어가

자재한 힘을 시현하십니다.

중생과 그리고 모든 법을

요달하여 다 걸림이 없으시기에

널리 수많은 색상을 나타내어

일체 세계에 두루하십니다.

일체 지혜를 구하여

더 이상 없는 깨달음을 빨리 이루고자 한다면
응당 청정하고 묘한 마음으로
보리의 행을 닦아 익혀야 할 것입니다.

만약 어떤 사람이
여래의 이와 같은 위신력을 보려 한다면
마땅히 가장 수승한 세존께
공양하고 의심을 내지 말아야 할 것입니다.

　　그때에 견고당보살이 부처님의 위신력을 받아
널리 시방을 관찰하고 게송을 설하여 말하기를

여래는 수승하여 비교할 수 없으며
깊고도 깊어 가히 말할 수 없나니
언어의 길을 벗어나
청정하기가 허공과 같습니다.

그대는 사람 가운데 사자의

자재한 신통력을 관찰하세요.

이미 분별을 떠났지만

그러나 하여금 분별하여 보게 하십니다.

도사가

깊고도 깊은 미묘한 법을 열어 연설하시니

이 인연을 의지한 까닭으로

이 비교할 수 없는 몸을 나타내십니다.

이것은 큰 지혜로

모든 부처님이 행하신 바 처소이니

만약 요달하여 알고자 한다면

항상 응당히 부처님을 친근해야 할 것입니다.

의업이 항상 청정하여

모든 부처님께 공양하되

끝내 피곤하거나 싫어하는 생각이 없다면

능히 불도에 들어갈 것입니다.

끝없는 공덕을 구족하고

보리의 마음에 굳건하게 머문다면

이것으로 의심의 그물이 제멸되어

부처님을 관찰하되 싫어하거나 만족함이 없을 것입니다.

일체법을 통달하였다면

이 사람은 이에 참다운 불자이니

이 사람은 능히

모든 부처님의 자재한 힘을 요달하여 알 것입니다.

광대한 지혜로 설한 바

욕망이 모든 법의 근본이 되나니
응당 수승한 희망을 일으켜
마음에 더 이상 없는 깨달음을 구할 것입니다.

만약 어떤 사람이 부처님을 존경하여
부처님의 은혜를 갚을 것을 생각한다면
저 사람은 끝까지
일체 부처님이 머무신 곳을 떠나지 아니할 것입니다.

어찌 지혜 있는 사람이라면
부처님께 보고 들음을 얻고
청정한 서원을 닦아
부처님께서 행하신 바 길을 밟지 않겠습니까.

　　그때에 용맹당보살이 부처님의 위신력을 받아
널리 시방을 관찰하고 게송을 설하여 말하기를

비유하자면 밝고 맑은 눈이

태양을 인하여 수많은 색상을 보는 것과 같아서

청정한 마음도 또한 다시 그러하여

부처님의 힘으로 여래를 봅니다.

정진의 힘으로

능히 바다의 근원 밑까지 다 보는 것과 같아서

지혜의 힘도 또한 이와 같아서

한량없는 부처님을 얻어 봅니다.

비유하자면 좋고 비옥한 밭에

심은 바 종자가 반드시 잘 자라는 것과 같아서

이와 같이 청정한 마음의 땅에도

모든 부처님의 법이 잘 출생합니다.

사람이 보배 창고를 얻으면

영원히 빈궁한 괴로움을 떠나는 것과 같아서

보살도 부처님의 법을 얻으면

때를 떠나 마음이 청정할 것입니다.

비유하자면 아가타약이

능히 일체 독약을 소멸하는 것과 같아서

불법도 또한 이와 같아서

모든 번뇌의 근심을 소멸합니다.

진실한 선지식은

여래가 칭찬하시는 바이니

저 부처님의 위신력을 의지한 까닭으로

모든 부처님의 법문을 얻어 듣습니다.

설사 수없는 세월에

재물과 보배를 부처님께 보시할지라도

부처님의 실상을 알지 못한다면
이것은 또한 보시라 이름할 수 없습니다.

한량없이 많은 색상으로
부처님의 몸을 장엄할지라도
색상 가운데서는
능히 부처님을 볼 수 없습니다.

여래 등정각이
적연히 항상 움직이지 않지만
능히 폭넓게 몸을 나타내어
시방세계에 두루 가득하게 하십니다.

비유하자면 허공의 세계가
생겨난 적도 없고 또한 사라진 적도 없는 것과 같아서
모든 부처님의 법도 이와 같아서

필경에 생겨난 적도 사라진 적도 없습니다.

　그때에 광명당보살이 부처님의 위신력을 받아
널리 시방을 관찰하고 게송을 설하여 말하기를

인간과 그리고 천상과
일체 모든 세계에
널리 여래의
청정하고 묘한 색신을 봅니다.

비유하자면 한 마음의 힘이
능히 가지가지 마음을 생기하는 것과 같아서
이와 같이 한 부처님의 몸도
널리 일체 부처님을 나타내십니다.

보리는 두 가지 법이 없으며

또한 다시 모든 모습이 없지만

그러나 두 가지 법 가운데

삼십이상으로 장엄한 몸을 나타내십니다.

법성이 공적한 줄 알지만

환상과 같이 생기하여

행하는 바가 끝이 없나니

도사가 이와 같이 나타내십니다.

삼세에 일체 부처님이

법신이 다 청정하지만

그 중생 응당 교화할 바를 따라서

널리 묘한 색신을 나타내십니다.

여래는 내가

이와 같은 몸을 짓는다고 생각하여 말하지 않고

자연스레 시현하여

일찍이 분별을 일으키지 아니하십니다.

법계는 차별이 없으며

또한 의지하는 바도 없지만

그러나 세간 가운데

한량없는 몸을 시현하십니다.

부처님의 몸은 변화하는 것도 아니며

또한 다시 변화하지 않는 것도 아니지만

변화함이 없는 법 가운데

변화함이 있는 형상을 시현하십니다.

정각은 가히 헤아릴 수 없으며

법계와 허공계와 같으며

깊고 넓어 끝도 밑도 없어서

언어의 길이 다 끊어졌습니다.

여래는 잘도 통달하여

일체 처소에 도를 행하시지만

법계의 수많은 국토에

가는 곳마다 다 걸림이 없으십니다.

　그때에 지당보살이 부처님의 위신력을 받아 널리

시방을 관찰하고 게송을 설하여 말하기를

만약 어떤 사람이 능히

일체 지혜의 걸림이 없음을 믿고 받아

보리의 행을 닦아 익힌다면

그 마음은 가히 헤아릴 수 없을 것입니다.

일체 국토 가운데

널리 한량없는 몸을 나타내시지만

그러나 그 몸은 처소에 있지도 않으며

또한 법에 머물지도 않으십니다.

낱낱 모든 여래가

위신력으로 시현하시는 몸은

가히 사의할 수 없는 세월에

계산하고 헤아려도 능히 다할 수 없습니다.

삼세에 모든 중생의 수는

다 가히 그 수를 알 수 있거니와

여래가 시현하시는 바는

그 수를 가히 얻을 수 없습니다.

혹 어떤 때는 한 몸과 두 몸과

내지 한량없는 몸을 시현하여

널리 시방의 국토에 나타내시지만

그 실은 두 가지 몸이 없습니다.

비유하자면 맑고 둥근 달이

널리 일체 물에 나타남에

달의 그림자는 비록 한량이 없지만

본래의 달은 일찍이 둘이 없는 것과 같아서

이와 같이 걸림이 없는 지혜로

등정각을 성취하여

널리 일체 국토에 나타나시지만

부처님의 자체는 또한 둘이 없습니다.

한 몸도 아니고 또한 두 몸도 아니며

또한 다시 한량없는 몸도 아니지만

그 중생들이 응당 교화 받을 바를 따라서

한량없는 몸을 시현하십니다.

부처님의 몸은 과거도 아니며
또한 다시 미래도 아니지만
한 생각에 출생하고
성도하고 그리고 열반하심을 나타내십니다.

환술로 만든 바 색신이
생긴 적도 없고 또한 떠난 적도 없는 것과 같아서
부처님의 몸도 또한 이와 같아서
시현하시지만 생기한 적이 없습니다.

그때에 보당보살이 부처님의 위신력을 받아 널리
시방을 관찰하고 게송을 설하여 말하기를

부처님의 몸은 한량이 없지만

능히 한량이 있는 몸을 시현하여
그 중생들이 응당 볼 바를 따라
도사가 이와 같이 시현하십니다.

부처님의 몸은 처소가 없지만
일체 처소에 충만한 것이
마치 허공이 끝이 없는 것과 같아서
이와 같이 사의하기가 어렵습니다.

마음으로 행할 바 처소가 아니기에
마음이 그 가운데 일어나지 않나니
모든 부처님의 경계 가운데는
필경에 생겨나고 사라지는 것이 없습니다.

마치 병든 눈으로 보는 바는
안도 아니고 또한 바깥도 아닌 것과 같아서

세간에서 모든 부처님을 친견하는 것도

응당 또한 이와 같은 줄 알아야 할 것입니다.

중생을 넉넉히 이익케 하려는 까닭으로

여래가 세간에 출흥하시니

중생은 출흥함이 있음을 보지만

그러나 진실로 세간에 출흥한 적이 없으십니다.

가히 국토와

밤과 낮으로 부처님을 볼 수 없나니

한 해와 한 달과 한 찰나에도

마땅히 다 이와 같은 줄 알아야 할 것입니다.

중생이 이와 같이 말하기를

무슨 날에 부처님이 도를 이루셨다 하지만

여래께서 보리를 얻으신 것은

진실로 날짜에 매이지 않습니다.

여래는 분별을 떠나
세간에도 매이지 않고 모든 수량에도 초월하시니
삼세에 모든 도사가
출현하시는 것도 다 이와 같습니다.

비유하자면 맑은 태양이
어두운 밤으로 더불어 합하지 않지만
무슨 날 밤이라 말하는 것과 같나니
모든 부처님의 법도 이와 같습니다.

삼세에 일체 세월이
여래로 더불어 합하지 않지만
삼세에 부처님이라 말하는 것과 같나니
도사의 법도 이와 같습니다.

그때에 정진당보살이 부처님의 위신력을 받아
널리 시방을 관찰하고 게송을 설하여 말하기를

일체 모든 도사가
몸도 같고 뜻도 또한 그러하여
널리 시방세계의 국토에
응함을 따라 가지가지로 나타내십니다.

그대는 석가모니 세존을 관찰하세요.
하시는 바가 심히 기특하여
법계에 충만케 하되
일체 법계에 다 남김이 없이 하십니다.

부처님의 몸은 안에 있지도 않으며
또한 다시 밖에 있지도 않지만
위신력인 까닭으로 나타내시니

도사의 법이 이와 같습니다.

모든 중생 무리의
선세에 모은 바 업을 따라
이와 같이 가지가지 몸으로
시현하시는 것이 각각 같지 않습니다.

모든 부처님의 몸이 이와 같아서
한량도 없고 가히 헤아릴 수도 없나니
오직 대각세존을 제외하고는
능히 사의할 수 없습니다.

나의 사의하기 어려운 것을
심업으로 능히 취할 수 없는 것과 같아서
부처님의 사의하기 어려운 것도 또한 그러하여
심업으로 나타낼 바가 아닙니다.

세계를 가히 사량할 수 없지만
청정한 장엄을 보는 것과 같아서
부처님의 사의하기 어려운 것도 또한 그러하여
묘한 모습을 나타내지 아니함이 없으십니다.

비유하자면 일체법이
수많은 인연을 의지한 까닭으로 생기하는 것과 같아서
부처님을 친견하는 것도 또한 다시 그러하여
반드시 수많은 선업을 가자해야 합니다.

비유하자면 여의주가
능히 중생의 마음을 만족케 하는 것과 같아서
모든 부처님의 법도 이와 같아서
일체 서원을 다 만족케 하십니다.

한량없는 국토 가운데

도사가 세간에 출흥하여
그분의 원력을 따른 까닭으로
널리 시방에 응하십니다.

　그때에 이구당보살이 부처님의 위신력을 받아
널리 시방을 관찰하고 게송을 설하여 말하기를

여래의 큰 지혜광명이
널리 모든 세간을 청정케 하나니
세간을 이미 청정케 한 이후에
모든 부처님의 법을 열어 보이십니다.

설사 어떤 사람이
중생의 수와 같은 부처님을 친견하고자 할지라도
그 중생의 마음에 응하지 아니함이 없으시지만
실로는 오신 곳이 없으십니다.

부처님으로써 경계를 삼아

오로지 생각하여 쉬지 않는다면

이 사람은 부처님을 친견함을 얻되

그 수가 마음으로 더불어 같을 것입니다.

백정법을 성취하고

모든 공덕을 구족하여야

저 사람이 일체 지혜에

오로지 생각하여 마음에 버리지 않을 것입니다.

도사가 중생을 위하여

응함과 같이 법을 연설하시며

가히 교화할 곳을 따라

널리 가장 수승한 몸을 나타내십니다.

부처님의 몸과 그리고 세간이

일체가 다 내가 없나니
이것을 깨달아 정각을 이루시고
다시 중생을 위하여 연설하십니다.

일체 사람의 사자師子가
한량없는 자재한 힘으로
생각과 같은 몸을 시현하시니
그 몸이 각각 같지 않습니다.

세간에 이와 같은 몸과
모든 부처님의 몸도 또한 그러하여
그 자성을 요달하여 아시니
이것을 곧 설하여 부처님이라 이름합니다.

여래가 널리 알고 보아
일체법을 분명하게 요달하시니

불법과 그리고 보리를
둘 다 함께 가히 얻을 수 없습니다.

도사는 오고감이 없으시며
또한 다시 머무시는 바도 없어서
모든 꺼꾸러진 생각을 멀리 떠났으니
이것을 등정각이라 이름합니다.

  그때에 성수당보살이 부처님의 위신력을 받아
널리 시방을 관찰하고 게송을 설하여 말하기를

여래는 머무시는 바가 없지만
널리 일체 세계에 머무시며
일체 국토에 다 가시며
일체 처소에서 다 보십니다.

부처님은 중생의 마음을 따라

널리 일체 몸을 나타내시며

도를 이루고 법륜을 전하시며

그리고 열반에 드십니다.

모든 부처님은 사의할 수 없거니

누가 능히 부처님을 사의하며

누가 능히 정각을 보며

누가 능히 가장 수승한 모습을 나타내겠습니까.

일체법이 다 진여이며

모든 부처님의 경계도 또한 그러하나니

내지 한 법도

진여 가운데는 생기하고 사라짐이 없습니다.

중생은 허망하게

이 부처님과 이 세계를 분별하지만

법성을 요달한 사람은

부처님도 없고 세계도 없습니다.

여래는 널리 앞에 나타나

중생으로 하여금 믿고 기쁘게 하시지만

부처님의 자체는 가히 얻을 수 없기에

저 중생도 또한 볼 바가 없습니다.

만약 능히 세간에

일체 집착을 멀리 떠나

걸림이 없어서 마음이 환희하다면

저 법에 열어 깨달아 들어감을 얻을 것입니다.

위신력으로 나타낸 바를

곧 이것을 설하여 부처님이라 이름하지만

삼세의 일체 시간에
구하여도 다 있는 바가 없습니다.

만약 능히 이와 같이 안다면
마음과 뜻과 그리고 모든 법의
일체를 다 알고 보아서
빨리 여래를 성취할 것입니다.

언어 가운데
일체 부처님의 자재하심을 현시하시니
정각은 언어를 초월하였지만
언어로써 설함을 가자하십니다.

　그때에 법당보살이 부처님의 위신력을 받아 널리
시방을 관찰하고 게송을 설하여 말하기를

차라리 가능하다면 항상

일체 세간의 고통을 갖추어 받을지언정

끝내 여래를 멀리하여

자재한 힘을 보지 않으려 아니할 것입니다.

만약 모든 중생 가운데

아직 보리심을 일으키지 않는 이가 있다 할지라도

한 번 부처님의 이름을 얻어 듣는다면

결정코 보리를 이룰 것입니다.

만약 지혜로운 사람이

한 생각에 도의 마음을 일으킴이 있다면

반드시 더 이상 없는 세존을 이룰 것이니

삼가 의혹을 내지 말 것입니다.

여래의 자재한 힘은

한량없는 세월에도 만나기 어렵나니

만약 한 생각 믿음을 낸다면

더 이상 없는 도를 빨리 증득할 것입니다.

설사 생각 생각 가운데

한량없는 부처님을 공양할지라도

진실한 법을 알지 못한다면

공양이라고 이름할 수 없습니다.

만약 이와 같은 법을 듣는다면

모든 부처님이 이로 좇아 생기하리니

비록 한량없는 고통을 겪을지라도

보리의 행을 버리지 말아야 할 것입니다.

한 번이라도 큰 지혜와

모든 부처님이 들어가신 바 법을 듣는다면

널리 법계 가운데

삼세의 도사를 이룰 것입니다.

비록 미래의 경계가 다하도록

모든 부처님의 세계에 두루 노닐지라도

이 묘한 법을 구하지 않는다면

끝내 보리를 이루지 못할 것입니다.

중생이 시작도 없는 세상으로부터 오면서

생사에 오래도록 유전하여

진실한 법을 알지 못하기에

모든 부처님이 짐짓 세상에 출흥하셨습니다.

모든 법은 가히 무너뜨릴 수도 없으며

또한 능히 무너뜨릴 사람도 없나니

자재한 큰 광명이

그 뜻을 널리 세간에 시현하셨습니다.

십회향품 ①

그때에 금강당보살이 부처님의 위신력을 받아 보살의 지혜광명의 삼매에 들어갔습니다.

삼매에 들어간 이후에 시방에 각각 십만 부처님의 세계에 작은 티끌 수만치 많은 세계 밖을 지나 십만 부처님의 세계에 작은 티끌 수만치 많은 여러 부처님이 계시니 다 동일한 이름으로 금강당이라 이름합니다.

모두 그 금강당보살 앞에 나타나 다 함께 칭찬하여 말씀하시기를 착하고도 착합니다. 선남자여, 이에 능히 이 보살의 지혜광명의 삼매에 들어갔습니다.

선남자여, 이것은 시방에 각각 십만 부처님의 세

계에 작은 티끌 수만치 많은 여러 부처님이 위신력으로 함께 그대에게 가피하시며

또한 이 비로자나 여래의 지나간 옛날에 서원한 힘과 위신의 힘이며

그리고 그대의 지혜가 청정한 까닭이며

모든 보살의 선근이 더욱 수승함을 인유한 까닭으로 그대로 하여금 이 삼매에 들어가 법을 연설케 하시나니

모든 보살로 하여금 청정하여 두려움이 없게 하기 위한 까닭이며

걸림이 없는 변재를 갖추게 하기 위한 까닭이며

걸림이 없는 지혜의 지위에 들어가게 하기 위한 까닭이며

일체 지혜의 큰마음에 머물게 하기 위한 까닭이며

끝없는 선근을 성취하게 하기 위한 까닭이며

걸림이 없는 맑은 법을 만족하게 하기 위한 까닭

이며

　넓은 문門의 법계에 들어가게 하기 위한 까닭이며

　일체 부처님의 위신력을 나타내게 하기 위한 까닭
이며

　전제에 생각과 지혜가 끊어지지 않게 하기 위한
까닭이며

　일체 부처님이 호지하는 모든 선근을 얻게 하기
위한 까닭이며

　한량없는 문門으로써 수많은 법을 폭넓게 설하게
하기 위한 까닭이며

　듣고 다 알아 받아 가져 잊지 않게 하기 위한
까닭이며

　모든 보살의 일체 선근을 섭수하게 하기 위한
까닭이며

　출세간의 도를 돕는 법을 이루어 갖추게 하기

위한 까닭이며

일체 지혜와 지혜가 끊어지지 않게 하기 위한 까닭이며

큰 서원을 개발하게 하기 위한 까닭이며

진실한 뜻을 해석하게 하기 위한 까닭이며

법계를 요달하여 알게 하기 위한 까닭이며

모든 보살로 하여금 다 환희하게 하기 위한 까닭이며

일체 부처님의 평등한 선근을 닦게 하기 위한 까닭이며

일체 여래의 종성을 호지하게 하기 위한 까닭이니

말하자면 모든 보살의 열 가지 회향을 연설하기 위한 것입니다.

불자여, 그대가 마땅히 부처님의 위신력을 받아 이 법을 연설해야 할 것이니

부처님께서 호념해 주심을 얻은 까닭이며

부처님의 집에 편안히 머문 까닭이며

출세간의 공덕을 더한 까닭이며

다라니의 광명을 얻은 까닭이며

걸림이 없는 불법에 들어간 까닭이며

큰 광명으로 널리 법계를 비추는 까닭이며

허물이 없는 청정한 법을 모은 까닭이며

광대한 지혜의 경계에 머문 까닭이며

걸림이 없는 진리의 광명을 얻은 까닭입니다.

그때에 모든 부처님이 곧 금강당보살에게 한량없는 지혜를 주시며

머뭇거림도 걸림도 없는 변재를 주시며

글귀와 뜻을 분별하는 좋은 방편을 주시며

걸림이 없는 법의 광명을 주시며

여래의 평등한 몸을 주시며

한량없이 차별한 맑은 음성을 주시며

보살의 사의할 수 없이 잘 관찰하는 삼매를 주시며

가히 무너뜨릴 수 없는 일체 선근으로 회향하는 지혜를 주시며

일체법을 관찰하여 성취하는 교묘한 방편을 주시며

일체 처소에서 일체법을 설하는 끊어짐이 없는 변재를 주시니

무슨 까닭인가. 이 삼매에 들어간 선근의 힘인 까닭입니다.

그때에 모든 부처님이 각각 오른손으로써 금강당보살의 머리를 만지시니,

금강당보살이 머리를 만지심을 얻은 이후에 곧 삼매를 좇아 일어나서 모든 보살에게 일러 말하기를 불자여, 보살마하살이 가히 사의할 수 없는 큰 서원

이 있어 법계에 충만하여 널리 능히 일체중생을 구호하나니,

말하자면 과거와 미래와 현재에 일체 부처님의 회향을 수학하는 것입니다.

불자여, 보살마하살의 회향이 몇 가지가 있는가.

불자여, 보살마하살의 회향이 열 가지가 있나니 삼세에 모든 부처님이 다 함께 연설하십니다.

어떤 등이 열 가지가 되는가.

첫 번째는 일체중생을 구호하지만 중생의 모습을 떠나는 회향이요

두 번째는 무너지지 않는 회향이요

세 번째는 일체 부처님과 같은 회향이요

네 번째는 일체 처소에 이르는 회향이요

다섯 번째는 끝이 없는 공덕 창고의 회향이요

여섯 번째는 일체 평등한 선근에 들어가는 회향

이요

일곱 번째는 일체중생을 평등하게 따르는 회향이요

여덟 번째는 진여의 모습에 합하는 회향이요

아홉 번째는 속박도 없고 집착도 없는 해탈의 회향이요

열 번째는 한량없는 법계에 들어가는 회향입니다.

불자여, 이것이 보살마하살의 열 가지 회향이 되는 것이니, 과거와 미래와 현재의 모든 부처님이 이미 설하였고 당래에 설할 것이고 지금에 설하십니다.

불자여, 어떤 것이 보살마하살이 일체중생을 구호하지만 중생의 모습을 떠난 회향이 되는가.

불자여, 이 보살마하살이 보시바라밀을 행하며

지계바라밀을 청정하게 하며

인욕바라밀을 닦으며

정진바라밀을 일으키며

선정바라밀에 들어가며

지혜바라밀에 머무르며

대자와 대비와 대희와 대사로 이와 같은 등 한량없는 선근을 닦습니다.

선근을 닦을 때에 이와 같은 생각을 하여 말하기를 원컨대 이 선근으로 널리 능히 일체중생을 요익케 하며

다 하여금 청정케 하여 구경에 이르러 영원히 지옥과 아귀와 축생과 염라대왕 등의 한량없는 고뇌를 떠나게 할 것이다 하였습니다.

보살마하살이 선근을 심을 때에 자기의 선근으로

써 이와 같이 회향하되 내가 마땅히 일체중생을 위하여 집을 지으리니 하여금 일체 모든 괴로운 일을 면하게 하려는 까닭이며

일체중생을 위하여 구호할 곳을 지으리니 다 하여금 모든 번뇌에서 해탈케 하려는 까닭이며

일체중생을 위하여 귀의할 곳을 지으리니 다 하여금 모든 두려움에서 떠남을 얻게 하려는 까닭이며

일체중생을 위하여 나아갈 곳을 지으리니 하여금 일체 지혜에 이름을 얻게 하려는 까닭이며

일체중생을 위하여 편안한 곳을 지으리니 하여금 구경에 안은한 곳을 얻게 하려는 까닭이며

일체중생을 위하여 밝은 곳을 지으리니 하여금 지혜의 광명을 얻어 어리석음의 어둠을 소멸하게 하려는 까닭이며

일체중생을 위하여 횃불을 지으리니 저 일체 무명의 어둠을 무너뜨리려는 까닭이며

일체중생을 위하여 등불을 지으리니 하여금 구경에 청정한 곳에 머물게 하려는 까닭이며

일체중생을 위하여 도사를 지으리니 그 중생을 인도하여 하여금 진실한 법에 들어가게 하려는 까닭이며

일체중생을 위하여 대도사를 지으리니 그 중생에게 걸림 없는 큰 지혜를 주려는 까닭입니다.

불자여, 보살마하살이 모든 선근으로써 이와 같이 회향하여 일체중생을 평등하게 요익하고 구경에 다 하여금 일체 지혜를 얻게 합니다.

불자여, 보살마하살이 친한 벗이 아님에도 수호하고 회향하되 그 친한 벗으로 더불어 같이 하여 차별이 없게 하나니 무슨 까닭인가.

보살마하살이 일체법의 평등한 자성에 들어간

까닭으로 중생에게 한 생각도 친한 벗이 아니라고 하는 생각을 내지 않습니다.

설사 어떤 사람이 보살의 처소에서 원수로 해치려는 마음을 일으킬지라도 보살은 또한 자비의 눈으로써 보아 마침내 성냄이 없고 널리 중생을 위하여 선지식을 지어 정법을 연설하여 그들로 하여금 닦아 익히게 합니다.

비유하자면 큰 바다를 일체 수많은 독약이 능히 변하여 무너뜨리게 할 수 없는 것과 같아서 보살도 또한 이와 같아서 일체 어리석은 사람이 지혜가 없어서 은덕을 알지 못하고 성내고 소리 지르고 둔하고 독하여 교만이 스스로 크며 그 마음이 눈멀어 선법을 알지 못한 이와 같은 등 유형의 모든 악한 중생이 가지가지로 핍박하여 뇌롭게 할지라도 능히 동요하거나 산란함이 없습니다.

비유하자면 일천자日天子가 세간에 출현하되 생맹이 보지 못하는 까닭으로 숨고 나타나지 않는 것이 아니며

또 다시 건발다의 성과 아수라의 손과 염부제의 나무와 높은 바위와 깊은 계곡과 먼지와 안개와 연기와 구름인 이와 같은 등 만물이 덮어 장애하는 바인 까닭으로 숨고 나타나지 않는 것이 아니며

또한 다시 시절이 변하여 바뀌는 까닭으로 숨고 나타나지 않는 것이 아닌 것과 같아서 보살마하살도 또한 다시 이와 같아서 큰 복덕이 있으며

그 마음이 깊고도 넓으며

바른 생각으로 관찰하며 물러나거나 굴복함이 없으며

공덕과 지혜를 구경까지 하고자 하며

최상의 수승한 법에 마음이 의욕을 생기하며

진리의 광명이 널리 비치어 일체 뜻을 보며

모든 법문에 지혜가 자재하며

항상 일체중생을 이익케 하기 위하여 선법을 닦으며

일찍이 잘못하여 중생을 버릴 마음을 일으키지 아니하며

중생이 그 성품이 해어져 추악하고 소견이 삿되고 성내고 혼탁하여 가히 조복하기 어려움으로 곧 버리고 회향하는 일을 닦지 않는 것이 아니라 다만 보살의 큰 서원의 갑옷과 투구로 스스로 장엄하고 중생을 구호하되 항상 물러가지 아니하며

중생이 은혜를 갚을 줄 알지 못함으로 보살의 행에 물러나 보살의 도를 버리지 아니하며

어리석은 범부가 한곳에 함께 있음으로 일체 여실한 선근을 버리지 아니하며

중생이 자주 과오를 일으켜 가히 참아 받아들이기 어려움으로 저 중생의 처소에 피곤해하거나 싫어하

는 마음을 내지 않습니다.

　무슨 까닭인가.

　비유하자면 일천자가 다만 한 가지 일만을 위한 까닭으로 세간에 출현한 것이 아닌 것과 같아서 보살마하살도 또한 다시 이와 같아서 다만 한 중생만을 위한 까닭으로 모든 선근을 닦아 아뇩다라삼먁삼보리에 회향하는 것이 아니라 널리 일체중생을 구호하기 위한 까닭으로 선근을 닦아 아뇩다라삼먁삼보리에 회향하며

　이와 같이 다만 한 부처님의 국토만 청정하게 하기 위한 것이 아닌 까닭이며

　다만 한 부처님만 믿기 위한 것이 아닌 까닭이며

　다만 한 부처님만 친견하기 위한 것이 아닌 까닭이며

　다만 한 법만을 알기 위한 까닭으로 큰 지혜와

서원을 일으켜 아뇩다라삼먁삼보리에 회향하는 것
이 아니라 널리 일체 부처님의 국토를 청정하게
하기 위한 까닭이며

넓리 일체 모든 부처님을 믿기 위한 까닭이며

널리 일체 모든 부처님을 받들어 섬기고 공양하기
위한 까닭이며

널리 일체 부처님의 법을 알기 위한 까닭으로
큰 서원을 일으켜 모든 선근을 닦아 아뇩다라삼먁삼
보리에 회향합니다.

불자여, 보살마하살이 모든 불법으로써 반연할
바를 삼아 광대한 마음과 물러나지 않는 마음을
일으켜 한량없는 세월 가운데 희유하여 얻기 어려운
마음의 보배를 닦아 익혀 일체 모든 부처님으로
더불어 다 평등하며

보살이 이와 같이 모든 선근을 관찰하여 믿는

194

마음이 청정하며

큰 자비가 견고하기에 깊고도 깊은 마음과 환희하는 마음과

청정한 마음과 가장 수승한 마음과

부드러운 마음과 자비한 마음과

어여삐 여기는 마음과 섭수하여 보호하는 마음과

이익케 하는 마음과 안락케 하는 마음으로 널리 중생을 위하여 진실로 회향할지언정 다만 입으로만 말하는 것이 아닙니다.

불자여, 보살마하살이 모든 선근으로써 회향할 때에 이와 같은 생각을 하여 말하기를 나의 선근으로써 원컨대 일체 취趣에 태어나는 일체중생이 다 청정함을 얻어 공덕이 원만하며

가히 무너뜨릴 수 없으며

다함이 없으며 항상 존중함을 얻으며

바른 생각을 잊지 아니하며

결정된 지혜를 얻으며

한량없는 지혜를 갖추며

신身·구口·의意·업業에 일체공덕으로 원만하게
장엄할 것이다 하며

또 이와 같은 생각을 하기를 이 선근으로써 일체중
생으로 하여금 일체 모든 부처님을 받들어 섬기고
공양하여 헛되이 지남이 없게 하되 모든 부처님의
처소에 청정한 믿음을 무너뜨리지 않으며

정법을 듣고 모든 의혹을 끊으며

기억하여 가져 잊지 않고 설한 것과 같이 수행하며

여래의 처소에 공경하는 마음을 일으키며

신업이 청정하여 한량없이 광대한 선근에 편안히
머물며

영원히 빈궁을 떠나 일곱 가지 재물이 만족하며

모든 부처님의 처소에 항상 따라 닦고 배워 한량없이 수승하고 묘한 선근을 성취하며

평등하게 깨달아 알아 일체 지혜에 머물며

걸림이 없는 눈으로써 평등하게 중생을 보며

수많은 모습으로 몸을 장엄하여 티도 흠도 없으며

말과 소리가 맑고 묘하여 공덕이 원만하며

제근諸根을 조복하고 십력을 성취하며

착한 마음이 만족하여 의지하여 머무는 바가 없으며

일체중생으로 하여금 널리 부처님의 즐거움을 얻게 하며

한량없이 머무름을 얻게 하며

부처님이 머무시는 곳에 머물게 할 것이다 하였습니다.

불자여, 보살마하살이 모든 중생이 악업을 지어

모든 무거운 고통을 받아 이런 장애인 까닭으로 부처님을 보지 못하며 법을 듣지 못하며 스님을 알지 못함을 보고 곧 이와 같은 생각을 하기를 내가 마땅히 저 모든 악도 가운데 모든 중생을 대신하여 가지가지 고통을 받아 그 중생으로 하여금 해탈케 할 것이다 하고, 보살이 이와 같이 고독苦毒을 받을 때에 전전히 다시 부지런히 정진하여 버리지 않고 피하지 아니하며

놀라지 않고 두려워하지 아니하며

물러나지 않고 겁내지 아니하며

피곤해하거나 싫어함이 없었습니다.

무슨 까닭인가.

그 보살이 서원한 바와 같아서 결정코 일체중생을 짊어지고 하여금 해탈케 하고자 하는 까닭입니다.

보살이 그때에 이와 같은 생각을 하여 말하기를 일체중생이 생로병사의 모든 고난의 처소에 있으면서 업을 따라 유전하여 소견이 삿되고 지혜가 없어서 모든 선법을 잃었기에 내가 응당 그들을 구호하여 하여금 벗어남을 얻게 할 것이다 하며

또 모든 중생이 애정의 그물에 얽힌 바와 어리석음의 일산에 덮인 바로 제유諸有에 물들고 집착하며

업을 따라 좇아 버리지 못하여 고통의 새장과 우리에 들어가며

마군의 업행을 지어 복덕과 지혜가 모두 다하며

항상 의혹을 품어 안은한 곳을 보지 못하고 벗어날 길을 알지 못하며

생사에 머물러 윤회함을 쉬지 못하며

모든 고통의 진흙탕에 항상 빠지나니

보살이 그것을 본 이후에 큰 자비심과 크게 요익하

는 마음을 일으켜 중생으로 하여금 다 해탈함을 얻게 하고자 하여 일체 선근으로써 회향하며

광대한 마음으로써 회향하며

삼세의 보살이 수행한 바와 같이 회향하며

대회향경에 설한 바와 같이 회향하여 원컨대 모든 중생이 널리 청정함을 얻고 구경에 일체종지를 성취케 할 것이다 하며

다시 이와 같은 생각을 하기를 내가 수행하는 바는 중생으로 하여금 다 더 이상 없는 지혜의 왕을 이룸을 얻게 하고자 하는 것이다. 자신을 위하여 해탈을 구하지 않고, 다만 일체중생을 구제하여 그 중생으로 하여금 다 일체 지혜의 마음을 얻어 생사의 강물을 건너 수많은 고통에서 해탈케 할 것이다 하며

다시 이와 같은 생각을 하기를 내가 마땅히 널리 일체중생을 위하여 수많은 고통을 갖추어 받아 그로 하여금 한량없이 나고 죽는 수많은 고통의 큰 구렁에서 나음을 얻게 하며

　　내가 마땅히 널리 일체중생을 위하여 일체 세계와 일체 악취 가운데 미래세월이 다하도록 일체 고통을 받을지라도 그러나 항상 중생을 위하여 부지런히 선근을 닦을 것이다.

　　무슨 까닭인가.

　　내가 차라리 홀로 이와 같은 고통을 받을지언정 중생으로 하여금 지옥에 떨어지지 않게 하며

　　내가 마땅히 저 지옥과 축생과 염라대왕 등이 있는 험난한 곳에 몸으로 볼모를 잡힐지라도 일체 악도의 중생을 구호하고 속죄케 하여 하여금 해탈을 얻게 할 것이다 하며

다시 이와 같은 생각을 하기를 내가 일체중생을 보호하여 끝내 버리지 않을 것을 서원하고 말한 바가 성실하여 허망함이 없게 할 것이다 하였습니다.

무슨 까닭인가.

내가 일체중생을 구하여 제도하기 위하여 보리심을 일으킨 것이요, 자신이 더 이상 없는 도를 구하기 위한 것이 아니며

또한 오욕경계와 그리고 삼유 가운데 가지가지 즐거움을 구하기 위한 까닭으로 보리행을 닦는 것도 아닙니다.

무슨 까닭인가.

세간의 즐거움은 이 고통이 아님이 없으며

수많은 마군의 경계는 어리석은 사람이 탐착하는

바이며

모든 부처님이 꾸짖는 바이니

일체 고통과 근심이 이것을 인하여 생기하며

지옥과 아귀와 그리고 축생과 염라대왕의 처소와
분노하여 성내고 다투어 소송하는 것과 다시 서로
헐뜯고 욕하는 이와 같은 모든 악업이 다 오욕에
탐착함을 인하여 이룬 바입니다.

오욕을 탐착함에 모든 부처님을 멀리 떠나게 되며
천상에 태어나는 것에도 장애가 되거든 어찌 하물며
아뇩다라삼먁삼보리를 얻는 것이겠습니까.

보살이 이와 같이 모든 세간에 적은 욕망의 맛을
탐하여 한량없는 고통을 받는 것을 관찰하고 마침내
저 오욕의 즐거움을 위한 까닭으로 더 이상 없는
보리를 구하고, 보살의 행을 닦는 것이 아니라 다만
일체중생을 안락케 하기 위하여 발심하여 닦아 익히

고 큰 서원을 성만하여 중생의 모든 고통의 덫과 노끈을 끊어 하여금 해탈을 얻게 하려는 것입니다.

불자여, 보살마하살이 다시 이와 같은 생각을 하기를 내가 마땅히 선근으로써 이와 같이 회향하여 일체중생으로 하여금 구경의 즐거움과 이익케 하는 즐거움과

받지 않는 즐거움과 고요한 즐거움과

의지함이 없는 즐거움과 동요함이 없는 즐거움과

분량이 없는 즐거움과 버리지도 않고 물러나지도 않는 즐거움과

사라지지 않는 즐거움과 일체 지혜의 즐거움을 얻게 할 것이다 하며

다시 이와 같은 생각을 하기를 내가 마땅히 일체중생으로 더불어 조어사가 되고 병사를 주간하는 신하

가 되어 큰 지혜의 횃불을 잡아 안은한 길을 보여 하여금 험난한 길을 떠나게 하고 좋은 방편으로 하여금 진실한 뜻을 알게 하며

또 생사의 바다에 일체 지혜의 좋은 기술을 가진 뱃사공이 되어 모든 중생을 건네어 하여금 저쪽 언덕에 이르게 할 것이다 하였습니다.

불자여, 보살마하살이 모든 선근으로써 이와 같이 회향하나니,

말하자면 마땅함을 따라 일체중생을 구호하여 하여금 생사를 벗어나게 하며

일체 모든 부처님을 받들어 섬기고 공양하게 하며

걸림이 없는 일체 지혜와 지혜를 얻게 하며

수많은 마군을 떠나보내고 악지식惡知識도 멀리하여 일체 보살 선지식을 친근하게 하며

모든 허물과 죄를 소멸하고 청정한 업을 성취케

하며

보살의 광대한 행원과 한량없는 선근을 구족하게
합니다.

불자여, 보살마하살이 모든 선근으로써 바로 회향
한 이후에 이와 같은 생각을 하기를 사천하에 중생이
많은 까닭으로 많은 태양이 나오는 것이 아니라
다만 하나의 태양이 나와서 다 능히 일체중생을
널리 비추며

또 모든 중생이 자신의 광명인 까닭으로 낮과
밤이 있는 줄 알아 유행하고 관찰하여 모든 업을
짓는 것이 아니라 다 태양(日天子)이 나옴을 인유하
여 이 일을 이루어 갖추는 것이다.

그러나 저 태양은 다만 하나뿐 둘이 없다 하나니
보살마하살도 또한 다시 이와 같아서 선근을 닦아
익혀 회향할 때 이와 같은 생각을 하기를 저 모든

중생이 능히 자신도 구호하지 못하거니 어찌 능히 다른 사람을 구호하겠는가.

오직 내 한 사람만이 뜻이 고독하여 벗이 없구나 하여 선근을 닦아 익혀 이와 같이 회향하나니

말하자면 일체중생을 널리 제도하고자 하기 위한 까닭이며

일체중생을 널리 비추고자 하기 위한 까닭이며

일체중생에게 보여 인도하고자 하기 위한 까닭이며

일체중생에게 열어 깨닫게 하고자 하기 위한 까닭이며

일체중생을 돌아보고 기르고자 하기 위한 까닭이며

일체중생을 섭수하고자 하기 위한 까닭이며

일체중생을 성취케 하고자 하기 위한 까닭이며

일체중생으로 하여금 환희케 하고자 하기 위한

까닭이며

일체중생으로 하여금 기쁘고 즐겁게 하고자 하기 위한 까닭이며

일체중생으로 하여금 의심을 끊게 하고자 하기 위한 까닭입니다.

불자여, 보살마하살이 다시 이와 같은 생각을 하기를 내가 응당 태양이 널리 일체 세계를 비추지만 은혜 갚기를 구하지 않는 것과 같아서 모든 중생이 나쁜 모습이 있을지라도 다 능히 수용하여 마침내 이것으로써 서원을 버리지 아니하며,

한 중생이 악한 까닭으로 일체중생을 버리지 않고 다만 부지런히 선근을 닦아 익혀 회향하여 널리 모든 중생으로 하여금 다 안락함을 얻게 할 것이다 하였습니다.

선근은 비록 적지만 중생을 널리 섭수하여 환희심으로 광대하게 회향하나니

만약 선근이 있을지라도 일체중생을 요익케 하고자 하지 않는다면 회향한다 이름할 수 없고, 한 선근을 따라 널리 중생으로 반연할 바를 삼아야 이에 회향한다 이름할 것입니다.

중생을 집착하는 바가 없는 법성에 안치하는 회향과

중생의 자성이 동요하지 않고 전변하지 않음을 보는 회향과

의지하는 바도 없고 취할 바도 없음에 회향하는 회향과

선근의 모습을 취하지 않는 회향과

업보의 체성을 분별하지 않는 회향과

오온의 모습에 집착하지 않는 회향과

오온의 모습을 무너뜨리지 않는 회향과

업을 취하지 않는 회향과

과보를 구하지 않는 회향과

인연에 물들거나 집착하지 않는 회향과

인연이 일어나는 바를 분별하지 않는 회향과

명칭에 집착하지 않는 회향과

처소에 집착하지 않는 회향과

허망한 법에 집착하지 않는 회향과

중생의 모습과 세계의 모습과 마음과 뜻의 모습에
집착하지 않는 회향과

마음의 거꾸러짐과 생각의 거꾸러짐과 소견의
거꾸러짐을 일으키지 않는 회향과

언어의 길에 집착하지 않는 회향과

일체법의 진실한 자성을 관찰하는 회향과

일체중생의 평등한 모습을 관찰하는 회향과

법계의 도장으로 모든 선근을 찍는 회향과

모든 법이 탐욕을 떠난 것을 관찰하는 회향이니

일체법이 없는 줄 알아 선근을 심는 것도 또한 이와 같이 하고 모든 법이 둘이 없어서 생겨난 적도 없고 사라진 적도 없는 줄 관찰하여 회향하는 것도 또한 이와 같이 합니다.

이와 같은 등의 선근으로써 회향하여 청정하게 대치하는 법을 수행하며

소유한 선근으로써 다 출세간의 법을 수순하여 두 가지 모습을 짓지 않나니

업에 즉하여 일체 지혜를 닦아 익히는 것도 아니며

업을 떠나서 일체 지혜에 회향하는 것도 아니며

일체 지혜가 이 업에 즉하지 않지만 그러나 업을 떠나서 일체 지혜를 얻는 것도 아닙니다.

업이 광명의 그림자와 같이 청정한 까닭으로 과보도 또한 광명의 그림자와 같이 청정하며

과보가 광명의 그림자와 같이 청정한 까닭으로 일체 지혜와 지혜도 또한 광명의 그림자와 같이 청정합니다.

아와 아소와 일체 동란과 사유와 분별을 떠나 이와 같이 요달하여 알고 모든 선근방편으로써 회향합니다.

보살이 이와 같이 회향할 때에 중생을 제도하여 해탈케 하기를 항상 쉼 없이 하지만 법상에 머물지 아니하며

비록 모든 법이 업도 없고 과보도 없는 줄 알지만 잘 능히 일체 업보를 출생하여 어김도 다툼도 없이 이와 같은 방편으로 회향을 잘 닦습니다.

보살마하살이 이와 같이 회향할 때에 일체 허물을 떠나기에 모든 부처님이 찬탄하는 바입니다.

불자여, 이것이 보살마하살이 첫 번째 일체중생을

구호하지만 중생의 모습을 떠난 회향이 되는 것입니다.

그때에 금강당보살이 시방의 일체 모인 대중과 그리고 법계를 관찰하고 깊은 글귀 깊은 뜻에 들어가 한량없는 마음으로써 수승한 행을 닦아 익히며

큰 자비로 일체중생을 널리 덮어 삼세에 모든 여래의 종성이 끊어지지 않게 하며

일체 부처님의 공덕 진리의 창고에 들어가 일체 모든 부처님의 법신을 출생하며

잘 능히 모든 중생의 마음을 분별하여 그들이 심은 바 선근이 성숙한 줄 알며

법신에 머물러 그들을 위하여 청정한 색신을 시현하여 부처님의 위신력을 받아 곧 게송을 설하여 말하기를

사의할 수 없는 세월에 도를 수행하지만
정진이 견고하여 마음이 걸림이 없어서
중생의 무리를 요익케 하고자 하기 위하여
항상 모든 부처님의 공덕법을 구합니다.

세간을 고루 제어하는 비등할 데 없는 사람이
그 뜻을 닦아 다스리는 것이 깊고도 밝고 맑아
마음을 일으켜 모든 중생을 널리 구제하나니
저분이 능히 회향의 창고에 잘 들어갑니다.

용맹스레 정진의 힘을 구족하고
지혜도 총명영달하고 뜻도 청정하여
일체 모든 중생을 널리 구호하지만
그 마음이 견디고 참아 기울거나 움직이지 않습니다.

마음이 잘도 안주하여 더불어 같을 이 없고

뜻이 항상 청정하여 크게 기쁘게 하나니
이와 같이 중생을 위하여 부지런히 수행하는 것이
비유하자면 대지가 널리 수용하는 것과 같습니다.

자신을 위하여 쾌락을 구하지 않고
다만 모든 중생을 구호하고자 하여
이와 같이 큰 자비심을 일으켰기에
빨리 걸림이 없는 지위에 들어감을 얻었습니다.

시방의 일체 모든 세계에
있는 바 중생을 다 섭수하여
저 중생을 구호하기 위한 까닭으로 마음을 잘 머물러
이와 같이 모든 회향을 닦아 배웁니다.

보시를 수행하여 크게 기뻐하며
청정한 계율을 호지하여 범하는 바가 없으며

용맹스레 정진하여 마음이 움직이지 않아서
여래의 일체 지혜에 회향합니다.

그 마음이 광대하여 끝이 없지만
인욕의 힘으로 안주하여 기울거나 움직이지 아니하며
선정이 깊고도 깊어 항상 비추어 알며
지혜가 미묘하여 사의하기 어렵습니다.

시방의 일체 세계 가운데
청정한 행을 갖추어 닦아 다스려
이와 같은 공덕을 다 회향하는 것은
모든 중생을 안락케 하고자 하기 위한 것입니다.

대사가 모든 선업을 부지런히 닦은 것이
한량도 없고 끝도 없고 가히 헤아릴 수도 없나니
이와 같이 하신 것은 다 중생을 이익케 하여 하여금

사의하기 어렵고 더 이상 없는 지혜에 머물게 하기
위한 것입니다.

널리 일체중생을 위한 까닭으로
사의할 수 없는 세월에 지옥에 거처하지만
이와 같이 일찍이 싫어하거나 물러나는 마음이 없고
용맹스레 결정코 항상 회향합니다.

색상과 소리와 향기와 더불어 맛을 구하지 않으며
또한 모든 묘한 촉감을 희망하지도 구하지도 않고
다만 모든 중생을 구호하여 제도하기 위하여
항상 더 이상 없는 가장 수승한 지혜를 구합니다.

지혜가 청정한 것이 허공과 같아서
끝없는 대사의 행을 닦아 익히나니
부처님이 행하신 바와 같은 모든 행을

저 사람이 이와 같이 항상 닦아 배웁니다.

대사가 모든 세계에 유행하여
다 능히 모든 중생을 안은하게 하며
널리 일체중생으로 하여금 다 환희케 하여
보살행을 닦게 하시지만 싫어하거나 만족함이 없습
니다.

일체 모든 독한 마음을 제멸하고
최상의 지혜를 사유하고 닦아 익히지만
자기를 위하여 안락을 구하지 않고
다만 중생이 고통에서 떠나기를 얻기만 서원합니다.

이 사람이 회향을 구경까지 얻고
마음이 항상 청정하여 수많은 독을 떠났기에
삼세에 여래의 부촉한 바로

더 이상 없는 큰 법성에 머뭅니다.

일찍이 모든 색상에 물들거나 집착하지 않고
수상행식에도 또한 이와 같이 하여
그 마음이 영원히 삼유를 벗어나
소유한 공덕을 다 회향합니다.

부처님이 아시고 보신 바 모든 중생을
다 남김없이 섭취하여
서원코 다 하여금 해탈을 얻게 하려고
저를 위하여 수행하고 크게 환희합니다.

그 마음이 생각생각에 항상 편안히 머물고
지혜가 광대하여 더불어 같을 이가 없으며
어리석음을 떠난 바른 생각이 항상 고요하고
일체 모든 업이 다 청정합니다.

저 모든 보살이 세간에 거처하지만

안과 밖의 일체법에 집착하지 않는 것이

마치 바람이 걸림이 없이 허공에 노니는 것과 같나니

대사가 마음을 쓰는 것도 또한 다시 그러합니다.

소유한 신업이 다 청정하고

일체 언어가 허물이 없으며

마음이 항상 여래에게 귀향하여

능히 모든 부처님으로 하여금 다 환희케 합니다.

시방의 한량없는 모든 국토에

있는 바 부처님의 처소에 다 나아가

그 가운데 대비세존을 보고

공경하여 우러러 받들지 아니함이 없습니다.

마음이 항상 청정하여 모든 허물을 떠나

널리 세간에 들어가지만 두려워하는 바가 없으며

이미 여래의 더 이상 없는 도에 머물러

다시 삼계에 큰 진리의 연못이 되었습니다.

일체법을 정성 다해 부지런히 관찰하고

있고 있지 아니함을 수순하고 사유하나니

이와 같이 진실한 이치에 나아가

깊고도 깊어 다툼이 없는 곳에 들어감을 얻습니다.

이것으로써 견고한 도를 닦아 이루니

일체중생이 능히 무너뜨릴 수 없으며

잘 능히 모든 법성을 요달하여

널리 삼세에 집착하는 바가 없습니다.

이와 같이 회향하여 저 언덕에 이르러

널리 중생으로 하여금 수많은 번뇌를 떠나게 하며

영원히 일체 모든 의지하는 바를 떠나

구경에 의지함이 없는 곳에 들어감을 얻게 합니다.

일체중생의 언어의 길이

그 종류를 따라 각각 차별하거늘

보살이 다 능히 분별하여 설하지만

마음에 집착하는 바도 없고 걸리는 바도 없습니다.

보살이 이와 같이 회향을 닦음에

공덕과 방편을 가히 말할 수 없나니

능히 시방의 세계 가운데

일체 모든 부처님으로 하여금 다 칭양하고 찬탄케

합니다.

십회향품 ②

불자여, 어떤 것이 보살마하살의 무너지지 않는 회향이 되는가.

불자여, 이 보살마하살이 과거와 미래와 지금에 모든 여래의 처소에서 무너지지 않는 믿음을 얻어 다 능히 일체 부처님을 받들어 섬기는 까닭이며

모든 보살과 내지 처음 한 생각 마음을 일으켜 일체 지혜를 구하는 사람에게 무너지지 않는 믿음을 얻어 일체 보살의 선근을 닦되 피곤하거나 싫어함이 없기를 서원하는 까닭이며

일체 불법에 무너지지 않는 믿음을 얻어 깊이 마음에 즐거움을 일으키는 까닭이며

일체 부처님의 가르침에 무너지지 않는 믿음을

얻어 수호하고 머물러 가지는 까닭이며

일체중생에게 무너지지 않는 믿음을 얻어 자비한 눈으로 평등하게 관찰하고 선근으로 회향하여 널리 이익케 하는 까닭이며

일체 백정법白淨法에 무너지지 않는 믿음을 얻어 끝없는 모든 선근을 널리 모으는 까닭이며

일체 보살이 회향하는 도에 무너지지 않는 믿음을 얻어 수승한 모든 욕망과 지해(解)를 만족케 하는 까닭이며

일체 보살의 법사에 무너지지 않는 믿음을 얻어 모든 보살에게 부처님이라는 생각을 일으키며

일체 부처님의 자재한 신통에 무너지지 않는 믿음을 얻어 모든 부처님의 사의하기 어려운 것을 깊이 믿으며

일체 보살의 선교방편행에 무너지지 않는 믿음을 얻어 가지가지 한량도 없고 수도 없는 행의 경계를

섭수하여 취하는 까닭입니다.

　불자여, 보살마하살이 이와 같이 무너지지 않는
믿음에 편안히 머물 때에 부처님과 보살과 성문과
독각과 혹 모든 부처님의 가르침과 혹 모든 중생의
이와 같은 등 가지가지 경계 가운데 심은 모든 선근이
한량도 없고 끝도 없어서 보리심으로 하여금 전전히
다시 증장케 하며
　자비가 광대하며 평등하게 관찰하며
　모든 부처님이 지은 바를 따라 수학하며
　일체 청정한 선근을 섭수하여 취하며
　진실한 뜻에 들어가며 복덕의 행을 모으며
　크게 은혜로운 보시를 행하며 모든 공덕을 닦으며
　삼세를 평등하게 관찰합니다.

　보살마하살이 이와 같은 등 선근공덕으로써 일체

지혜에 회향하되 항상 부처님을 친견하며

선지식을 친근하며

모든 보살로 더불어 같이 함께 머물며

일체 지혜를 생각하여 마음에 잠깐도 버리지 아니하며

부처님의 가르침을 받아 가져 부지런히 가피하여 수호하며

일체중생을 교화하여 성숙케 하며

마음이 항상 출세간의 도에 회향하며

일체법사를 공양하고 우러러 모시며

모든 법을 알아 기억하고 가져 잊지 아니하며

큰 서원을 수행하여 다 하여금 만족케 하기를 서원합니다.

보살이 이와 같이 선근을 쌓아 모으며 선근을 성취하며

선근을 증장하며 선근을 사유하며

선근을 묶어 생각하며 선근을 분별하며

선근을 좋아하며 선근을 닦아 익히며

선근에 편안히 머무나니

보살마하살이 이와 같이 모든 선근을 쌓아 모은 이후에 이 선근으로 얻은 바 의과依果로써 보살의 행을 닦으며

생각생각 가운데 한량없는 부처님을 친견하여 그 부처님이 응하시는 바와 같이 받들어 섬기고 공양하되 아승지 보배와 아승지 꽃과

아승지 꽃다발과 아승지 옷과

아승지 일산과 아승지 당기와

아승지 깃발과 아승지 장엄구와

아승지 시중드는 사람과 아승지 바르고 꾸민 땅과

아승지 바르는 향과 아승지 가루향과

아승지 조화한 향과 아승지 사르는 향과

아승지 깊은 믿음과 아승지 좋아하고 즐거워함과

아승지 청정한 마음과 아승지 존중과

아승지 찬탄과 아승지 예경과

아승지 보배 자리와 아승지 꽃자리와

아승지 향 자리와 아승지 꽃다발 자리와

아승지 전단향 자리와 아승지 옷 자리와

아승지 금강 자리와 아승지 마니 자리와

아승지 보배 비단 자리와 아승지 보배 색상 자리와

아승지 보배로 된 거니는 곳과

아승지 꽃으로 된 거니는 곳과

아승지 향으로 된 거니는 곳과

아승지 꽃다발로 된 거니는 곳과

아승지 옷으로 된 거니는 곳과

아승지 보배로 사이에 꾸며진 거니는 곳과

아승지 일체 보배 비단으로 된 거니는 곳과

아승지 일체 보배 다라多羅 나무로 된 거니는 곳과

아승지 일체 보배 난간으로 된 거니는 곳과

아승지 일체 보배 방울과 그물로 덮인 거니는 곳과

아승지 일체 보배 궁전과

아승지 일체 꽃 궁전과

아승지 일체 향 궁전과

아승지 일체 꽃다발 궁전과

아승지 일체 전단향 궁전과

아승지 일체 견고한 묘한 향 창고 궁전과

아승지 일체 금강 궁전과

아승지 일체 마니 궁전이 다 수특하고 묘하여 모든 하늘을 벗어난 것과

아승지 모든 잡색 보배 나무와

아승지 가지가지 향나무와

아승지 모든 보배 옷 나무와

아승지 모든 음악 나무와

아승지 보배 장엄구 나무와

아승지 묘한 음성 나무와

아승지 싫어함이 없는 보배 나무와

아승지 보배 비단 나무와

아승지 보배 귀걸이 나무와

아승지 일체 꽃과 향과 당기와 깃발과 꽃다발과

일산으로 장엄하여 꾸민 바 나무인 이와 같은 등의

나무가 무성하고 빛을 가려 장엄한 궁전과

그 모든 궁전에 다시 아승지 난간 장엄과

아승지 봉창문 장엄과

아승지 크고 작은 문 장엄과

아승지 누각 장엄과

아승지 반달 장엄과

아승지 휘장 장엄과

아승지 황금 그물이 그 위를 가득 덮은 것과

아승지 향이 두루 돌아 널리 풍긴 것과

아승지 옷이 그 땅에 펼쳐 있는 것으로 공양하였습니다.

불자여, 보살마하살이 이와 같은 등 모든 공양구로써 한량도 없고 수도 없고 가히 말할 수도 없고 가히 말할 수도 없는 세월에 청정한 마음으로 일체 모든 부처님을 존중하고 공경하고 공양하기를 항상 물러나지 않고 쉼 없이 하였으며

낱낱 여래가 멸도하신 뒤에 있는 바 사리도 다 또한 이와 같이 공경하고 공양하였으니

일체중생으로 하여금 청정한 믿음을 내게 하기

위한 까닭이며

　일체중생으로 하여금 선근을 섭취하게 하기 위한
까닭이며

　일체중생으로 하여금 모든 고통을 떠나게 하기
위한 까닭이며

　일체중생으로 하여금 넓고 크게 알게 하기 위한
까닭이며

　일체중생으로 하여금 큰 장엄으로써 장엄하게
하기 위한 까닭이며

　한량없는 장엄으로써 장엄하게 하기 위한 까닭
이며

　제유諸有의 하는 바가 구경을 얻게 하기 위한 까닭
이며

　모든 부처님이 출흥하시는 것이 가히 만나기 어려
운 줄 알게 하기 위한 까닭이며

　여래의 한량없는 힘을 만족하게 하기 위한 까닭

이며

부처님의 탑묘를 장엄하고 공양하게 하기 위한 까닭이며

일체 모든 부처님의 법에 머물러 가지게 하기 위한 까닭입니다.

이와 같이 현재 모든 부처님과 그리고 열반하신 뒤에 있는 바 사리에 공양하는 그 모든 공양을 아승지 세월에 설할지라도 가히 다 설할 수 없습니다.

이와 같이 한량없는 공덕을 닦아 익히되 다 일체중생을 성숙케 하기 위하여 물러남이 없었으며

휴식함이 없었으며

피곤해하거나 싫어함이 없었으며

집착이 없어 모든 마음에 생각을 떠났으며

의지함이 없어 영원히 의지하는 바를 끊었으며

아我와 그리고 아소我所를 멀리 떠나 여실한 법인法

印으로 모든 업문業門을 찍었으며

　법이 생기함이 없음을 얻어 부처님이 머무신 곳에 머물렀으며

　생기함이 없는 자성을 관찰하여 모든 경계를 찍었기에 모든 부처님이 보호하여 염려하여 주심으로 발심하여 회향하나니

　모든 법성으로 더불어 상응하는 회향과

　조작이 없는 법에 들어가 조작하는 바를 성취하는 방편회향과

　일체 모든 일에 생각하고 집착하는 것을 버리고 떠나는 방편회향과

　한량없는 곳에 머무는 선교회향과

　일체 제유를 영원히 벗어나는 회향과

　모든 행을 닦지만 그 모습에 머물지 않는 선교회향과

　일체 선근을 널리 섭수하는 회향과

일체 보살의 모든 행을 널리 청정하게 하는 광대한
회향과

더 이상 없는 보리심을 일으키는 회향과

일체 선근으로 더불어 같이 머무는 회향과

최상으로 믿고 아는 마음을 만족케 하는 회향입
니다.

불자여, 보살마하살이 모든 선근으로써 이와 같이
회향할 때에 비록 나고 죽음을 따르지만 고쳐 변하지
아니하며

일체 지혜를 구하지만 일찍이 물러나지 아니하며

제유에 있지만 마음이 산란하거나 움직이지 아니
하며

다 능히 일체중생을 제도하여 해탈케 하며

유위의 법에 물들지 아니하며

걸림이 없는 지혜를 잃지 아니하며

보살의 행위에 인연이 다함이 없으며
세간의 모든 법이 능히 변동하게 못하며
모든 바라밀을 갖추어 청정하게 하며
다 능히 일체 지혜의 힘을 성취합니다.

보살이 이와 같이 모든 어리석음의 어둠을 떠나
보리의 마음을 이루며
광명을 열어 보여 청정한 법을 증장하며
수승한 도에 회향하여 수많은 행을 구족하며
청정한 뜻으로써 잘 능히 분별하되 일체법이 다
마음을 따라 나타나는 줄 알며
업이 환상과 같고 업보가 영상과 같고 모든 행이
화현과 같고 인연으로 생기하는 법이 다 메아리와
같고 보살의 모든 행이 일체 그림자와 같은 줄 알며
집착이 없는 청정한 법의 눈을 출생하여 조작이
없는 광대한 경계를 보며

적멸한 자성을 증득하여 법이 둘이 없는 줄 알아
법의 실상을 얻으며

보살의 행을 갖추며

일체 모습에 다 집착하는 바가 없으며

잘 능히 동사同事의 모든 업을 수행하며

백정법白淨法에 항상 폐지하거나 버림이 없으며

일체 집착을 떠나며

집착이 없는 행에 머뭅니다.

보살이 이와 같이 선교로 사유하여 미혹이 없어서
모든 법을 어기지 않고 업의 원인을 무너뜨리지
아니하며

진실을 밝게 보아 선교로 회향하며

법의 자성을 알아 방편의 힘으로 업보를 성취하고
피안에 이르며

지혜로 일체 모든 법을 관찰하여 신통한 지혜를

얻으며

모든 업의 선근을 조작 없이 행하여 마음을 따라
자재하나니

보살마하살이 모든 선근으로써 이와 같이 회향하
는 것은 일체중생을 도탈度脫하여 부처님의 종자가
끊어지지 아니하며

영원히 마군의 업을 떠나며

일체 지혜가 끝이 없음을 보며

믿고 좋아함을 버리지 아니하며

세간의 경계를 떠나며

모든 뒤섞인 더러움을 끊게 하고자 하기 위한
것이며

또한 중생이 청정한 지혜를 얻어 깊은 방편에
들어가며

생사의 법을 벗어나 부처님의 선근을 얻으며

일체 모든 마군의 사업을 영원히 끊고 평등한 법인으로써 널리 모든 업을 찍으며

발심하여 일체 종지에 들어가 일체 출세간의 법을 성취케 하고자 하길 서원하기 때문입니다.

불자여, 이것이 보살마하살의 제 두 번째 무너지지 않는 회향이 되는 것입니다.

불자여, 보살마하살이 이 회향에 머물 때에 일체 수없는 모든 부처님을 친견함을 얻으며

한량없는 청정한 묘법을 성취하며

널리 중생에게 평등한 마음을 얻으며

일체법에 의혹이 없으며

일체 모든 부처님의 위신력으로 가피하는 바가 되며

수많은 마군을 항복하여 영원히 그 업을 떠나게 하며

귀한 가문에 태어남을 성취하여 보리심을 만족
하며

　　걸림 없는 지혜를 얻되 다른 사람의 지해(解)를
인유하지 아니하며

　　일체법의 뜻을 잘 능히 열어 밝히며

　　능히 생각하는 힘을 따라 일체 세계에 들어가며

　　널리 중생을 비추어 다 하여금 청정케 하나니

　　보살마하살이 이 무너지지 않는 회향의 힘으로써
모든 선근을 섭수하여 이와 같이 회향합니다.

　　그때에 금강당보살이 시방을 관찰하고 부처님의
위신력을 받아 곧 게송을 설하여 말하기를

보살이 이미 무너지지 않는 뜻을 얻어

일체 모든 선업을 수행하였기에

이런 까닭으로 능히 부처님으로 하여금 환희케 하

나니
지혜로운 사람은 이것으로 회향합니다.

한량도 없고 끝도 없는 부처님께 공양하고
보시와 지계로 제근諸根을 조복하며
모든 중생을 이익하여
널리 일체로 하여금 다 청정케 하고자 합니다.

일체 최상으로 묘한 모든 향과 꽃과
한량없이 차별한 수승한 의복과
보배일산과 그리고 장엄구로써
일체 모든 여래에게 공양합니다.

이와 같이 모든 부처님께 공양하되
한량도 없고 수도 없고 사의하기도 어려운 세월에
공양하고 존중하고 항상 환희하여

일찍이 한 생각도 피곤해하거나 싫어함을 내지 않았
습니다.

오로지 한 마음으로 모든 부처님이신
일체 세간에 큰 광명의 등불을 생각하니
시방에 있는 바 모든 여래가
앞에 나타나 눈으로 보는 것과 같지 아니함이 없었습
니다.

가히 사의할 수도 없고 한량도 없는 세월에
가지가지로 보시하되 마음에 싫어한 적이 없었으며
백천만억 수많은 세월 가운데
모든 선법을 닦는 것도 다 이와 같았습니다.

저 모든 여래가 열반하신 이후에
사리에게 공양하기를 싫어하거나 만족함이 없이하며

다 가지가지 묘한 장엄으로써
사의하기 어려운 수많은 탑묘를 건립하였습니다.

비등할 수 없이 가장 수승한 형상을 조성하여 세우고
보배로 갈무리한 맑은 황금으로 장엄하니
우뚝 솟아 높고 크기가 수미산왕과 같고
그 수도 한량없는 백천만억이었습니다.

청정한 마음으로 존중하고 공양한 이후에
다시 환희하고 이익하는 마음을 내어
사의할 수 없는 세월토록 세간에 거처하여
중생을 구호하여 하여금 해탈케 하였습니다.

중생이 다 망상인 줄 알아
저 일체중생에게 분별이 없지만
그러나 능히 중생의 근기를 잘 분별하여

널리 그 중생을 위하여 넉넉한 이익을 짓습니다.

보살이 모든 공덕을 닦아 익히니
넓고 크고 가장 수승하여 더불어 비교할 수 없는지라
체성이 다 있지 아니한 줄 요달하여
이와 같이 결정하여 다 회향합니다.

가장 수승한 지혜로 모든 법을 관찰하니
그 가운데 한 법도 생기한 적이 없는지라
이와 같은 방편으로 회향을 닦으니
공덕이 한량이 없고 가히 끝이 없습니다.

이 방편으로써 마음으로 하여금 청정케 하니
다 일체 여래로 더불어 같은지라
이 방편의 힘이 가히 다할 수 없기에
이런 까닭으로 복덕의 과보도 다할 수 없습니다.

더 이상 없는 보리심을 일으키니

일체 세간에 의지할 바가 없는지라

널리 시방의 모든 세계에 나아가도

일체 세계에 걸리는 바가 없습니다.

일체 여래가 세간에 출현하시는 것은

중생의 마음을 열어 인도하고자 하기 위한 것이니

그 심성과 같이 관찰하여

필경에 추구하여도 가히 얻을 수 없습니다.

일체 모든 법이 남김없이

다 진여에 들어가 자체성이 없나니

이 청정한 눈으로 회향하여

저 세간에 생사의 지옥을 엽니다.

비록 삼유로 하여금 다 청정케 하지만

또한 삼유에 대하여 분별이 없으며
삼유의 자성이 있는 바가 없는 줄 알지만
하여금 환희하여 뜻이 청정케 합니다.

한 국토에 의지하는 바가 없으니
일체 국토에도 다 이와 같으며
또한 유위법에 염착하지 않으니
저 법성이 의지할 곳도 없는 줄 압니다.

이것으로써 일체 지혜를 닦아 이루며
이것으로써 더 이상 없는 지혜를 장엄하며
이것으로써 모든 부처님이 다 환희하시니
이것이 보살의 회향하는 업이 됩니다.

보살이 오로지 한 마음으로 모든 부처님의
더 이상 없는 지혜의 선교방편을 생각하고

부처님이 일체에 의지하는 바가 없는 것과 같이
나도 이 공덕을 닦아 이루기를 서원합니다.

오로지 한 마음으로 일체중생을 구호하여
그 중생으로 하여금 수많은 악업을 멀리 떠나게 하
나니
이와 같이 모든 중생을 요익케 하되
생각을 묶어 사유하여 일찍이 버리지 않았습니다.

지혜의 땅에 머물러 법을 수호할지언정
나머지 이승으로 열반을 취하지 않고
오직 부처님의 더 이상 없는 도를 얻기를 서원하나니
보살이 이와 같이 회향합니다.

중생이 말한 바 언설과
일체 유위의 허망한 일을 취하지 아니하며

비록 다시 언어의 길을 의지하지 않지만
또한 다시 언설이 없는 것에도 집착하지 않습니다.

시방에 있는 바 모든 여래가
모든 법을 요달하길 남김없이 하나니
비록 일체가 다 공적한 줄 알지만
그 공적함에 마음을 일으키지 않습니다.

한 가지 장엄으로써 일체를 장엄하지만
또한 그 법에 분별을 내지 않나니
이와 같이 모든 중생을 열어 깨닫게 하지만
그 일체는 자성도 없고 볼 바도 없습니다.

　불자여, 어떤 것이 보살마하살의 일체 부처님과
같은 회향이 되는가.
　불자여, 이 보살마하살이 과거 미래 현재 모든

부처님 세존께서 회향하신 도를 따라 수학하나니 이와 같이 회향하는 도를 수학할 때에 일체 색경과 내지 촉경과 법경이 혹 아름답고 혹 추악함을 볼지라도 사랑하고 미워하는 마음을 내지 않고 마음에 자재를 얻으며

모든 허물을 떠나 넓고 크고 청정하며
환희하고 즐거워 모든 근심과 고뇌를 떠나며
마음과 뜻이 유연하여 육근이 청량합니다.

불자여, 보살마하살이 이와 같은 안락을 얻을 때에 다시 발심하여 모든 부처님께 회향하여 이와 같은 생각을 하기를 원컨대 내가 지금 심은 바 선근으로 모든 부처님의 즐거움으로 하여금 전전히 다시 더욱 수승케 하리니

말하자면 가히 사의할 수 없는 부처님이 머무시는 바 즐거움과

비등할 수 없는 부처님의 삼매의 즐거움과

가히 한량없는 큰 자비의 즐거움과

일체 모든 부처님의 해탈의 즐거움과

끝없는 큰 신통의 즐거움과

가장 지극히 존중할 큰 자재한 즐거움과

광대하고 구경인 한량없는 힘의 즐거움과

모든 지각을 떠난 고요한 즐거움과

걸림이 없이 머무는 곳에 머무는 항상 바른 삼매의 즐거움과

둘이 없는 행을 행하는 변하여 달라지지 않는 즐거움입니다.

불자여, 보살마하살이 모든 선근으로써 부처님께 회향한 이후에 다시 이 선근으로써 보살에게 회향하나니

말하자면 서원이 원만하지 못한 사람으로 하여금

원만함을 얻게 하며

　마음이 청정하지 못한 사람으로 하여금 청정함을 얻게 하며

　모든 바라밀이 만족하지 못한 사람으로 하여금 만족함을 얻게 하며

　금강보리의 마음에 편안히 머물게 하며

　일체 지혜에 물러나지 아니함을 얻게 하며

　큰 정진을 버리지 아니하여 보리의 문에 들어가는 일체 선근을 수호하게 하며

　능히 중생으로 하여금 아만을 버리고 보리의 마음을 일으키게 하며

　원하는 바가 만족함을 이루어 일체 보살이 머무는 곳에 편안히 머물게 하며

　보살의 밝고 영리한 제근을 얻게 하며

　선근을 닦아 익혀 살바야를 증득케 합니다.

불자여, 보살마하살이 모든 선근으로써 이와 같이 보살에게 회향한 이후에 다시 일체중생에게 회향하되, 원컨대 일체중생이 소유한 선근이 내지 지극히 적을지라도 한 번 손가락을 퉁기는 사이에 부처님을 친견하고 법문을 듣고 성스러운 스님을 공경하여 저 모든 선근으로 다 장애를 떠나 부처님의 원만함을 생각하며

　법의 방편을 생각하며

　스님께 존중함을 생각하며

　부처님 친견함을 떠나지 않고 마음에 청정함을 얻으며

　모든 불법을 얻으며

　한량없는 공덕을 모으며

　모든 신통을 청정하게 하며

　법에 의심하는 생각을 버리며

　가르침을 의지하여 머물게 하리라 하나니

중생을 위하여 이와 같이 회향함과 같아서 성문과 벽지불을 위하여 회향하는 것도 또한 다시 이와 같이 하였습니다.

또 원컨대 일체중생이 영원히 지옥과 아귀와 축생과 염라대왕 등 일체 악한 곳을 떠나고 더 이상 없는 보리의 마음을 증장하여 오로지 한 뜻으로 부지런히 일체 종지를 구하며

영원히 모든 부처님의 정법을 훼방하지 않고 부처님의 안락을 얻어 몸과 마음이 청정하여 일체 지혜를 증득케 하리라 하였습니다.

불자여, 보살마하살이 소유한 선근을 다 큰 서원으로써 일으키되 바로 일으키며

쌓아 모으되 바로 쌓아 모으며

증장하되 바로 증장하여 다 하여금 광대하게 하며

구족하게 하며 충만하게 합니다.

불자여, 보살마하살이 집 가운데 아내와 자식으로
더불어 함께 있을지라도 일찍이 보리의 마음을 버리
지 않고 바른 생각으로 살바야 경계를 사유하여 나도
제도하고 저도 제도하여 하여금 구경을 얻게 하며
　좋은 방편으로써 자기의 권속을 교화하여 하여금
보살의 지혜에 들어가게 하고 하여금 해탈을 성숙케
하며
　비록 더불어 함께 머물지만 마음에 집착하는 바가
없으며
　본래 큰 자비로써 거처하던 집에 거처하며
　자비한 마음인 까닭으로 아내와 자식을 수순할지
라도 보살의 청정한 길에 장애하는 바가 없으며

　보살마하살이 비록 집에 기거하여 모든 사업을

함이 있을지라도 일찍이 잠깐도 일체 지혜의 마음을 버리지 않나니,

말하자면 혹 옷을 입고 혹 맛있는 음식을 먹고 혹 탕약을 복용하고 씻고 양치하고 바르고 만지고 몸을 돌리고 돌아보고 가고 머무르고 앉고 눕고 몸으로 행하고 말로 행하고 생각으로 행하고 혹 자고 혹 깨는 이와 같은 일체 모든 일을 하는 바가 있음에도 마음은 항상 살바야도에 회향하여 생각을 묶어 사유하고 잠시도 버리지 아니하며

일체중생을 요익케 하고자 하기 위하여 보리의 한량없는 큰 서원에 편안히 머물며

수없는 광대한 선근을 섭취하여 부지런히 모든 선근을 닦으며

널리 일체중생을 구호하며

일체 교만과 방일을 영원히 떠나며

결정코 일체 지혜의 땅에 나아가며

끝내 다른 도에 향할 뜻을 일으키지 아니하며

일체 모든 부처님의 보리를 항상 관찰하며

일체 모든 뒤섞이어 더러운 법을 영원히 버리며

일체 보살이 배울 바를 수행하며

일체 지혜의 도에 장애하는 바가 없으며

지혜의 땅에 머물러 좋아하고 즐기고 외고 익히며

한량없는 지혜로 모든 선근을 모으며

마음이 일체 세간을 어여삐 여기거나 좋아하지 않고 또한 행할 바 행에 물들거나 집착하지 아니하여 오로지 한 마음으로 모든 부처님의 교법을 받아 가지나니

보살이 이와 같이 기거하는 집에 머물러 있을지라도 널리 선근을 섭수하여 그 선근으로 하여금 증장케 하여 모든 부처님의 더 이상 없는 보리에 회향합니다.

불자여, 보살이 그때에 내지 축생에게 음식을 한 덩어리 밥과 한 톨의 쌀을 보시할지라도 다 이와 같이 서원을 하기를 마땅히 이 축생 등으로 하여금 축생의 도를 버리고 이익하고 안락하여 구경에 해탈하여 영원히 괴로움의 바다를 건너며

영원히 괴로움의 느낌을 소멸하며

영원히 괴로움의 오온을 제멸하며

영원히 괴로움의 감각을 끊으며

괴로움의 모임과 괴로움의 행과 괴로움의 원인과 괴로움의 근본과 그리고 모든 괴로움의 처소를 원컨대 저 중생들이 다 버리고 떠나게 할 것이다 하여, 보살이 이와 같이 오로지 한 마음으로 생각을 일체중생에게 묶어 저 선근으로써 상수가 되어 그들을 위하여 일체 종지에 회향합니다.

보살이 처음 보리의 마음을 일으켜 널리 중생을

섭수하여 모든 선근을 닦아 다 회향하는 것은 하여금 생사의 광야를 영원히 여의고 모든 여래의 걸림 없는 쾌락을 얻게 하고자 하며

번뇌의 바다를 벗어나고 불법의 도를 닦게 하고자 하며

인자한 마음이 두루 차고 대비의 원력이 광대하여 널리 일체중생으로 하여금 청정한 즐거움을 얻게 하고자 하며

선근을 수호하고 불법을 친근하게 하고자 하며

마군의 경계를 벗어나고 부처님의 경계에 들어가게 하고자 하며

세간의 종성을 끊고 여래의 종성을 심게 하고자 하며

삼세의 평등한 법 가운데 머물게 하고자 한 것이니

보살마하살이 이와 같이 소유한 이미 모은 것과 당래에 모을 것과 현재에 모으는 선근을 다 회향합

니다.

　다시 이와 같은 생각을 하기를 저 과거세에 모든 부처님과 보살이 수행하신 바가 일체 모든 부처님을 공경하고 공양하며

　모든 중생을 제도하여 하여금 영원히 벗어나게 하며

　부지런히 가행으로 일체 선근을 닦아 익혀 다 회향하길 집착하는 바가 없이 하리니

　말하자면 색온에 의지하지 아니하며

　수온에 집착하지 아니하며

　상온이 거꾸러지지 아니하며

　행온을 짓지 아니하며

　식온을 취하지 아니하며

　육처를 버리며

　세간의 법에 머물지 아니하며

출세간의 법을 좋아하며

일체법이 다 허공과 같아서 좇아온 곳도 없으며

생기한 적도 없고 사라진 적도 없으며

진실한 것도 없으며

물들거나 집착한 바도 없는 줄 알아 일체 모든 분별의 소견을 멀리 떠나 움직이지도 않고 전변하지도 않으며

잃지도 않고 무너지지도 않아 실제에 머무나니

모습도 없고 모습을 떠남도 없어서 오직 한 모습뿐입니다.

이와 같이 일체 법성에 깊이 들어가 항상 즐겁게 보문普門의 선근을 익히고 행하여 일체 모든 부처님의 회중을 다 봅니다.

저 과거에 일체 여래가 선근으로 회향한 것과 같아서 나도 또한 이와 같이 회향하여 이와 같은

법을 알며

　이와 같은 법을 증득하며

　이와 같은 법을 의지하여 발심하여 닦아 익히지만
법의 모습을 어기지 아니하며

　수행한 바가 환상과 같고 그림자와 같으며

　물 가운데 달과 같으며

　거울 가운데 영상과 같아서 인연이 회합하여 나타
나는 바인 줄 알아 이에 여래 구경의 지위에 이르게
할 것이다 하였습니다.

　불자여, 보살마하살이 다시 이와 같은 생각을 하
기를 과거에 모든 부처님이 보살행을 닦을 때에
모든 선근으로써 이와 같이 회향한 것과 같아서
미래와 현재에도 다 또한 이와 같이 회향하셨으니
나도 지금 또한 응당 저 모든 부처님과 같이 이렇게
발심하여 모든 선근으로써 회향하되 제일로 회향

하며

　수승하게 회향하며 가장 수승하게 회향하며

　높이 회향하며 더 높을 수 없이 회향하며

　같을 수 없이 회향하며 같을 수 없이 같이 회향하며

　비교할 수 없이 회향하며 대적할 수 없이 회향하며

　존귀하게 회향하며 묘하게 회향하며

　평등하게 회향하며 정직하게 회향하며

　큰 공덕으로 회향하며 광대하게 회향하며

　선하게 회향하며 청정하게 회향하며

　악을 여의고 회향하며 악을 따르지 않고 회향할

것이다 하였습니다.

　보살이 이와 같이 모든 선근으로써 바로 회향한

이후에 청정한 몸과 말과 뜻의 업을 성취하여 보살이

머문 곳에 머물며

　모든 허물이 없고 선한 업을 닦아 익히며

몸과 말의 악업을 여의고 마음에 더러운 때가 없으며

일체 지혜를 수행하고 광대한 마음에 머물며

일체법이 조작한 바가 없는 줄 알며

출세간법에 머물고 세간법에 물들지 아니하며

한량없는 모든 업을 분별하여 요지하며

회향하는 선교방편을 성취하며

일체 취착하는 근본을 영원히 뽑아 버립니다.

불자여, 이것이 보살마하살의 제 세 번째 일체 부처님과 같은 회향이 되는 것입니다.

보살마하살이 이 회향에 머물러 일체 모든 여래의 업에 깊이 들어가며

여래의 수승하고 묘한 공덕에 나아가 향하며

깊고 청정한 지혜의 경계에 들어가며

일체 모든 보살의 업을 버리지 아니하며

교묘한 방편을 잘 능히 분별하며

깊은 법계에 들어가며

보살이 수행하는 차례를 잘 알며 부처님의 종성에
들어가며

교묘한 방편으로써 한량도 없고 끝도 없는 일체
모든 법을 분별하여 요지하며

비록 다시 몸을 나타내어 세상 가운데 태어나지만
세상의 법에 마음이 집착하는 바가 없습니다.

그때에 금강당보살이 부처님의 위신력을 받아
널리 시방을 관찰하고 곧 게송을 설하여 말하기를

저 모든 보살마하살이

과거에 부처님께서 회향하신 법을 수행하며

또 미래와 현재 세상에

일체 도사께서 행하시던 바를 배웁니다.

모든 경계에 안락함을 얻으니
부처님 여래께서 칭찬하시는 바라.
광대한 광명 청정한 눈으로
크고 총명한 철인에게 다 회향합니다.

보살의 신근이 가지가지로 안락하니
눈과 귀와 코와 혀도 또한 다시 그러한지라
이와 같이 한량없는 최상의 묘한 안락으로
모든 최승존에게 다 회향합니다.

일체 세간에 수많은 선법과
그리고 모든 여래가 성취하신 바를
저기에서 다 섭수하여 남김없이 하고
다 따라 기뻐하여 중생을 이익케 합니다.

세간에 따라 기뻐한 한량없는 종자를

지금 여기에서 회향하여 중생을 위하며
사람 가운데 사자가 소유한 즐거움을
중생으로 하여금 다 원만케 서원합니다.

일체 국토에 모든 여래가
무릇 알아보는 바 가지가지 즐거움을
중생으로 하여금 다 얻어
세간을 비추는 크고 밝은 등불이 되게 서원합니다.

보살이 얻은 바 수승하고 묘한 즐거움을
다 모든 중생에게 회향하나니
비록 중생을 위하는 까닭으로 회향하지만
회향함에 집착하는 바가 없습니다.

보살이 이 회향을 수행할 때에
한량없는 대비의 마음을 일으키되

부처님께서 수행하신 바 회향의 공덕과 같이
저가 수행하는 것도 다 만족함을 이루기 서원합니다.

모든 최승존께서 성취하신 바와 같은
일체 지혜 수레 미묘한 즐거움과
그리고 내가 세상에 있으면서 행한 바
모든 보살행의 한량없는 즐거움과

수많은 곳에 들어감을 시현하는 안은한 즐거움과
제근諸根을 항상 지키는 고요한 즐거움을
다 모든 중생에게 회향하여
널리 하여금 더 이상 없는 지혜를 닦아 이루게 합니다.

몸과 말과 뜻이 곧 업이 아니지만
또한 이것을 떠나 따로 있는 것도 아니니
다만 방편으로써 어리석음의 어둠을 제멸하여

이와 같이 더 이상 없는 지혜를 닦아 이루게 합니다.

보살이 수행한 바 모든 행업으로

한량없는 수승한 공덕을 쌓아 모아

여래를 따라 부처님의 집에 출생하지만

고요히 산란하지 않고 바로 회향합니다.

시방의 일체 모든 세계에

있는 바 중생을 모두 섭수하여

다 선근으로써 저들에게 회향하여

하여금 안은한 즐거움을 구족케 서원합니다.

자신을 위하여 이익을 구하지 않고

일체중생으로 하여금 다 안락케 하고자

일찍이 잠깐도 희론의 마음을 일으키지 않고

다만 모든 법이 공하여 내가 없는 줄 관찰하였을

뿐입니다.

시방에 한량없는 모든 최승존은
보는 바 일체 참다운 불자를
다 선근으로써 저들에게 회향하여
하여금 더 이상 없는 깨달음을 빨리 이루게 서원하십
니다.

일체 세간에 중생의 무리들을
평등한 마음으로 섭취하되 남김없이 하여
내가 행한 바 모든 선업으로써
저 중생으로 하여금 빨리 부처를 이루게 하십니다.

한량도 없고 끝도 없는 모든 큰 서원은
더 이상 없는 도사의 연설하신 바이니
모든 불자가 다 청정하여

그 마음에 즐거움을 따라 다 만족함을 이루게 서원하
십니다.

널리 시방의 모든 세계를 관찰하고
다 공덕으로써 저 중생에게 보시하여
하여금 다 묘한 장엄을 구족케 서원하시니
보살이 이와 같이 회향을 배웁니다.

마음에 모든 두 가지 법을 헤아리지 않고
다만 항상 법이 둘이 없음을 요달하여
모든 법이 혹 둘이거나 혹 둘이 아니거나
그 가운데 필경 집착하는 바가 없습니다.

시방에 일체 모든 세간이
다 이 중생의 생각으로 분별하기에
생각하고 생각하지 아니함에 얻을 바가 없나니

이와 같이 모든 생각을 요달합니다.

저 모든 보살의 몸이 청정하여진 이후에
곧 뜻이 청정하여 더러운 때가 없으며
어업이 이미 청정하여 모든 허물이 없어진 이후에
마땅히 뜻이 청정하여 집착하는 바가 없는 줄 알
것입니다.

한 마음으로 바로 과거에 부처님을 생각하며
또한 미래에 모든 도사와
그리고 현재에 인천의 세존을 기억하여
그분들이 설하신 바 법을 다 배울 것입니다.

삼세에 일체 모든 여래가
지혜가 밝고 달통하여 마음에 걸림이 없으시지만
중생을 이익케 하고자 하기 위한 까닭으로

보리에 회향하여 수많은 업을 모으십니다.

저 제일가는 지혜자와 광대한 지혜자와
허망하지 않는 지혜자와 전도함이 없는 지혜자와
평등하고 진실한 지혜자와 청정한 지혜자와
가장 수승한 지혜자가 이와 같이 설하십니다.

　불자여, 어떤 것이 보살마하살의 일체 처소에 이르는 회향이 되는가.

　불자여, 이 보살마하살이 일체 모든 선근을 닦아 익힐 때에 이와 같은 생각을 하기를 원컨대 이 선근 공덕의 힘으로 일체 처소에 이르는 것이 비유하자면 실제가 처소마다 이르지 아니함이 없어서 일체 사물에 이르며

　일체 세간에 이르며

　일체 중생에 이르며

일체 국토에 이르며

일체 법에 이르며

일체 허공에 이르며

일체 삼세에 이르며

일체 유위와 무위에 이르며

일체 언어와 음성에 이르는 것과 같아서 원컨대 이 선근도 또한 다시 이와 같아서 일체 모든 여래의 처소에 두루 이르러 삼세의 일체 모든 부처님께 공양하되 과거에 모든 부처님의 원하신 바를 다 만족하며

미래에 모든 부처님의 장엄을 구족하며

현재에 모든 부처님과 그리고 그 국토의 도량에 모인 대중이 일체 허공계와 법계에 두루 가득하게 할 것이다 하며

원컨대 믿고 아는 큰 위력인 까닭이며

광대한 지혜가 장애가 없는 까닭이며

일체 선근을 다 회향한 까닭으로 저 모든 하늘의 모든 공양구로써 공양하되 한량도 없고 끝도 없는 세계에 충만케 할 것이다 하였습니다.

불자여, 보살마하살이 다시 이와 같은 생각을 하기를 모든 부처님 세존이 일체 허공계와 법계와 가지가지 업으로 생기한 바와

시방의 가히 말할 수 없는 일체 세계종의 세계와 가히 말할 수 없는 부처님의 국토에 부처님의 경계인 가지가지 세계와

한량없는 세계와

한계가 없는 세계와

도는 세계와

옆으로 누운 세계와

우러른 세계와

엎어진 세계에 널리 두루하시되 이와 같은 일체

모든 세계에 현재 생명을 머무시어 가지가지 신통변화를 시현하시며

저기에 보살이 있어 수승한 지혜의 힘으로써 모든 중생의 교화를 감당하여 받을 자를 위하여 저 일체 모든 세계 가운데 나타나 여래가 되어 세간에 출흥하여 일체 처소에 이르는 지혜로써 널리 두루 여래의 한량없는 자재한 위신력을 열어 보이시되 법신이 두루 가는 것이 차별이 없으며

평등하게 일체 법계에 널리 들어가며

여래장의 몸이 태어나지도 않고 사라지지도 않기에 선교방편으로 세간에 널리 나타나시니

법의 실성을 증득하여 일체를 초월한 까닭이며

퇴전하지 않는 걸림 없는 힘을 얻은 까닭이며

여래의 장애 없는 소견인 광대한 위덕종성 가운데 태어난 까닭입니다.

불자여, 보살마하살이 그가 심은 바 일체 선근으로써 원컨대 이와 같은 모든 여래의 처소에 수많은 묘한 꽃과 그리고 수많은 묘한 향과 꽃다발과 일산과 당기와 번과 의복과 등불과 그리고 나머지 일체 모든 장엄구로써 공양하며

혹 부처님의 형상과 혹 부처님의 탑묘에도 다 또한 이와 같이 할 것이다 하여 이 선근으로써 이와 같이 회향하되 말하자면 산란하지 않게 회향하며

일심으로 회향하며

자기 뜻으로 회향하며

존경스레 회향하며

동요하지 않고 회향하며

머무름이 없이 회향하며

의지함이 없이 회향하며

중생의 마음이 없이 회향하며

조급하게 달리는 마음이 없이 회향하며

고요한 마음으로 회향합니다.

다시 이와 같은 생각을 하기를 모든 법계와 허공계에 과거 미래 현재의 일체 세월 가운데 모든 부처님 세존이 일체 지혜를 얻어 보리의 도를 이루시되 한량없는 명자가 각각 차별하시며

때때로 정각 이룸을 시현하시되 다 머무시는 수명이 미래 세계가 다하도록 하여 낱낱이 각각 법계의 장엄구로써 그 몸을 장엄하시며

도량에 모인 대중이 법계에 두루하여 일체 국토에 때를 따라 출흥하여 불사를 지으시니

이와 같이 일체 모든 부처님 여래를 내가 선근으로써 널리 다 회향하되 원컨대 수없는 향의 일산과 수없는 향의 당기와

수없는 향의 번과 수없는 향의 휘장과

수없는 향의 그물과 수없는 향의 형상과

수없는 향의 광명과 수없는 향의 불꽃과

수없는 향의 구름과 수없는 향의 자리와

수없는 향의 거니는 땅과 수없는 향의 머무는
바 처소와

수없는 향의 세계와 수없는 향의 산과

수없는 향의 바다와 수없는 향의 강과

수없는 향의 나무와 수없는 향의 의복과

수없는 향의 연꽃과 수없는 향의 궁전과

한량없는 꽃의 일산과 널리 말하건대 내지 한량없
는 꽃의 궁전과

끝없는 꽃다발의 일산과 널리 말하건대 내지 끝없
는 꽃다발의 궁전과

비등할 수 없는 바르는 향의 일산과 널리 말하건대
내지 비등할 수 없는 바르는 향의 궁전과

가히 헤아릴 수 없는 가루향의 일산과 널리 말하건대 내지 가히 헤아릴 수 없는 가루향의 궁전과

가히 이름할 수 없는 옷의 일산과 널리 말하건대 내지 가히 이름할 수 없는 옷의 궁전과

가히 생각할 수 없는 보배의 일산과 널리 말하건대 내지 생각할 수 없는 보배의 궁전과

가히 한량없는 등불 광명의 일산과 널리 말하건대 내지 한량없는 등불 광명의 궁전과

가히 말할 수 없는 장엄구의 일산과 널리 말하건대 내지 가히 말할 수 없는 장엄구의 궁전과

가히 말할 수 없고 가히 말할 수 없는 마니보배의 일산과

가히 말할 수 없고 가히 말할 수 없는 마니보배의 당기와

이와 같은 마니보배의 번과 마니보배의 휘장과 마니보배의 그물과 마니보배의 형상과

마니보배의 광명과 마니보배의 불꽃과

마니보배의 구름과 마니보배의 자리와

마니보배의 거니는 땅과 마니보배의 머무는 바처소와

마니보배의 세계와 마니보배의 산과

마니보배의 바다와 마니보배의 강과

마니보배의 나무와 마니보배의 의복과

마니보배의 연꽃과 마니보배의 궁전이 다 가히 말할 수 없고 가히 말할 수 없나니

이와 같이 낱낱 모든 경계 가운데 각각 수없는 난간과 수없는 궁전과

수없는 누각과 수없는 문과

수없는 반달문과 수없는 적을 물리치는 망루와

수없는 창호와 수없는 청정한 보배와

수없는 장엄구가 있거든 이와 같은 등 모든 공양물로써 위에서 말한 바와 같이 모든 부처님 세존께

공경하고 공양할 것이다 하였습니다.

　원컨대 일체 세간으로 하여금 다 청정함을 얻게
하며
　일체중생으로 다 벗어나 떠남을 얻게 하며
　십력의 지위에 머물러 일체법 가운데 걸림이 없는
법의 광명을 얻게 하며
　일체중생으로 하여금 선근을 구족하여 다 조복함
을 얻게 하며
　그 마음이 한량없어 허공계와 같게 하며
　일체 세계에 가지만 이른 곳이 없게 하며
　일체 국토에 들어가 모든 선법을 보시하게 하며
　항상 부처님을 친견함을 얻어 모든 선근을 심게
하며
　대승을 성취하여 모든 법에 집착하지 않게 하며
　수많은 선근을 구족하여 한량없는 행을 세우게

하며

　끝없는 일체 법계에 널리 들어가게 하며

　모든 부처님의 신통력을 성취하게 하며

　여래의 일체 지혜와 지혜를 얻게 할 것이다 하였습
니다.

　비유하자면 무아가 모든 법을 널리 섭수하는 것과
같아서 나의 모든 선근도 또한 다시 이와 같아서
널리 일체 모든 부처님 여래를 섭수하여 다 공양하여
남김없이 하는 까닭이며

　널리 일체 한량없는 모든 법을 섭수하여 다 능히
깨달아 들어가 장애가 없는 까닭이며

　널리 일체 모든 보살의 대중을 섭수하여 구경에
다 선근이 같은 까닭이며

　널리 일체 모든 보살의 행을 섭수하여 본래 서원의
힘으로 다 원만케 하는 까닭이며

널리 일체 보살의 법명法明을 섭수하여 모든 법이 다 걸림이 없음을 요달하는 까닭이며

널리 모든 부처님의 큰 신통력을 섭수하여 한량없는 모든 선근을 성취하는 까닭이며

널리 모든 부처님의 힘과 두려워하는 바가 없음을 섭수하여 한량없는 마음을 일으켜 일체에 만족하는 까닭이며

널리 보살의 삼매와 변재와 다라니문을 섭수하여 잘도 능히 둘이 없는 법을 비추어 아는 까닭이며

널리 모든 부처님의 선교방편을 섭수하여 여래의 큰 신통력을 시현하는 까닭이며

널리 삼세에 일체 모든 부처님이 태어나시고 성도하시고 정법의 바퀴를 굴리시고 중생을 조복하시고 큰 열반에 드심을 섭수하여 공경하고 공양하여 다 두루하는 까닭이며

널리 시방의 일체 세계를 섭수하여 부처님의 세계

를 장엄하고 청정히 하여 다 구경까지 하는 까닭이며

널리 일체 모든 광대한 세월을 섭수하여 그 가운데 출현하여 보살의 행을 닦아 끊어짐이 없게 하는 까닭이며

널리 일체에 있는 바 육취중생을 섭수하여 다 그 가운데 수생受生함을 나타내는 까닭이며

널리 일체 모든 중생의 세계를 섭수하여 보현보살의 행을 구족하는 까닭이며

널리 일체 모든 번뇌와 습기를 섭수하여 다 방편으로써 하여금 청정케 하는 까닭이며

널리 일체중생의 모든 근기를 섭수하여 한량없는 차별을 다 요달하여 아는 까닭이며

널리 일체중생의 지해와 욕망을 섭수하여 하여금 섞이어 더러운 것을 떠나 청정함을 얻게 하는 까닭이며

널리 일체중생을 교화하는 행을 섭수하여 그들이 응하는 바를 따라 몸을 나타내는 까닭이며

널리 일체중생에게 응하는 도를 섭수하여 다 일체 중생의 세계에 들어가는 까닭이며

널리 일체 여래의 지혜 자성을 섭수하여 일체 모든 부처님의 가르침을 보호하여 가지는 까닭입니다.

불자여, 보살마하살이 모든 선근으로써 이와 같이 회향할 때에 얻을 바가 없는 것으로써 방편을 삼아 업 가운데 과보를 분별하지 않고 과보 가운데 업을 분별하지 않으며

비록 분별하는 바가 없지만 널리 법계에 들어가며

비록 짓는 바가 없지만 그러나 항상 선근에 머물며

비록 생기하는 바가 없지만 그러나 부지런히 수승한 법을 닦으며

모든 법을 믿지 않지만 그러나 능히 깊이 들어가며 법이 있지 않지만 그러나 다 알고 보며

혹 짓고 짓지 아니함을 가히 얻을 수 없으며

모든 법성이 항상 자재하지 아니한 줄 알며

비록 다 모든 법을 보지만 그러나 보는 바가 없으며

널리 일체를 알지만 그러나 아는 바가 없습니다.

보살이 이와 같이 경계를 요달하였기에 일체법이 인연으로 근본을 삼는 줄 알며

일체 모든 부처님의 법신을 보며

일체법이 더러움을 떠난 진실한 경계에 이름을 보며

세간이 다 변화하는 것과 같은 줄 알며

중생이 오직 이 한 법이기에 두 가지 자성이 없는 줄 분명하게 요달하며

업의 경계인 선교방편을 버리지 아니하며

유위의 세계에 무위법을 시현하지만 그러나 유위의 모습을 괴멸하지 아니하며

무위의 경계에 유위법을 시현하지만 그러나 무위의 모습을 분별하지 않습니다.

보살이 이와 같이 일체법이 필경에 적멸한 줄 관찰하여 일체 청정한 선근을 성취하여 중생을 구호하는 마음을 일으키며

지혜로 일체법의 바다를 밝게 통달하며

항상 즐겁게 어리석음을 떠나는 법을 수행하며

이미 세상을 벗어나는 공덕을 갖추어 성취하여 다시 세간의 법을 수학하지 아니하며

청정한 눈을 얻어 모든 어리석음의 눈병을 떠나 좋은 방편으로써 회향하는 도를 닦습니다.

불자여, 보살마하살이 모든 선근으로써 이와 같이

회향하여 가히 일체 모든 부처님의 마음에 칭합하며

일체 모든 부처님의 국토를 장엄하여 청정케 하며

일체중생을 교화하여 성취케 하며

일체 불법을 갖추어 받아 가지며

일체중생의 가장 높은 복전을 지으며

일체 상인의 지혜로운 도사가 되며

일체 세간의 청정한 태양을 지으며

낱낱 선근이 법계에 충만하며

다 능히 일체중생을 구호하며

다 하여금 공덕을 청정하게 구족케 합니다.

불자여, 보살마하살이 이와 같이 회향할 때에 능

히 일체 부처님의 종성을 보호하여 가지며

능히 일체중생을 성숙케 하며

능히 일체 국토를 장엄하여 청정케 하며

능히 일체 모든 업을 무너뜨리지 아니하며

능히 일체 모든 법을 요달하여 알며

능히 모든 법이 둘이 없는 줄 평등하게 관찰하며

능히 시방의 세계에 두루 가며

능히 욕망을 떠난 진실한 경계를 요달하며

능히 청정한 믿음과 지해(解)를 성취하며

능히 밝고 영리한 제근을 구족하나니

불자여, 이것이 보살마하살의 제 네 번째 일체 처소에 이르는 회향이 되는 것입니다.

보살마하살이 이 회향에 머물 때에 일체 처소에 이르는 신업을 얻어 널리 능히 일체 세계에 응하여 나타나는 까닭이며

일체 처소에 이르는 어업을 얻어 일체 세계 가운데 법을 연설하는 까닭이며

일체 처소에 이르는 의업을 얻어 일체 부처님의 설하신 바 법을 받아가지는 까닭이며

일체 처소에 이르는 신족통을 얻어 중생의 마음을 따라 다 가서 응하는 까닭이며

일체 처소에 이르는 따라 증득하는 지혜를 얻어 널리 능히 일체법을 요달하는 까닭이며

일체 처소에 이르는 총지와 변재를 얻어 중생의 마음을 따라 하여금 환희케 하는 까닭이며

일체 처소에 이르는 법계에 들어감을 얻어 한 털구멍 가운데 널리 일체 세계에 들어가는 까닭이며

일체 처소에 이르는 두루 들어가는 몸을 얻어 한 중생의 몸에서 널리 일체중생의 몸에 들어가는 까닭이며

일체 처소에 이르는 널리 보는 세월을 얻어 낱낱 세월 가운데 항상 일체 모든 여래를 보는 까닭이며

일체 처소에 이르는 널리 보는 생각을 얻어 낱낱 생각 가운데 일체 모든 부처님이 다 앞에 나타나는 까닭입니다.

불자여, 보살마하살이 일체 처소에 이르는 회향을
얻어 능히 선근으로써 이와 같이 회향합니다.

그때에 금강당보살이 부처님의 위신력을 받아
널리 시방을 관찰하고 게송을 설하여 말하기를

안과 밖의 일체 모든 세간에
보살이 다 집착하는 바가 없지만
중생을 요익케 하는 업을 버리지 않나니
대사께서 수행하신 것이 이와 같이 지혜로우십니다.

시방에 있는 바 모든 국토에
일체 의지하는 바도 없고 머무는 바도 없어
명을 살리는 등 수많은 법을 취하지 않고
또한 모든 분별을 허망하게 일으키지도 않습니다.

널리 시방의 세계 가운데
일체중생을 남김없이 섭수하여
그 체성이 있는 바가 없는 줄 관찰하고
일체 처소에 이르러 잘 회향합니다.

널리 유위와 무위의 법을 섭수하지만
그 가운데 망상을 일으키지 않고
저 세간의 법과 같은 것도 또한 그렇게 하나니
세간을 비추는 밝은 등불이 이와 같이 깨닫게 하십
니다.

보살이 수행한 바 모든 업행이
상품 중품 하품으로 각각 차별하지만
다 선근으로써
저 시방의 일체 모든 여래에게 회향합니다.

보살이 회향하여 저 언덕에 이르러
여래를 따라 배워 다 성취하고
항상 묘한 지혜로써 잘 사유하여
사람 가운데 가장 수승한 법을 구족합니다.

청정한 선근으로 널리 회향하여
중생을 이익하여 항상 버리지 않고
다 일체 모든 중생으로 하여금
더 이상 없는 세상을 비추는 등불을 얻어 이루게
합니다.

일찍이 분별로 중생을 취하지도 않고
또한 망상으로 모든 법을 생각하지도 않아서
비록 세간에 물들거나 집착하지 않지만
또한 다시 모든 중생을 버리지도 않습니다.

보살이 항상 적멸의 법을 좋아하여

그 법을 따라 열반의 경계에 이름을 얻지만

또한 중생의 도를 버리지 아니하여

이와 같은 등 미묘한 지혜를 얻습니다.

보살이 일찍이 업도 분별하지 않고

또한 모든 과보에도 취착하지 않나니

일체 세간이 인연을 좇아 생기하기에

인연을 떠나 모든 법을 볼 수 없습니다.

이와 같이 모든 경계에 깊이 들어가지만

그 가운데 분별을 일으키지 않나니

일체중생의 조어사가

여기에 분명하게 요달하여 잘 회향케 하십니다.

관허 수진貫虛 守眞

1971년 문성 스님을 은사로 출가, 1974년 수계, 해인사 강원과 금산사 화엄학림을 졸업하고, 운성, 운기 등 당대 강백 열 분에게 10년간 참문수학하였다.

1984년부터 수선안거 10년을 성만하고, 1993년부터 7년간 해인사 강원 강주로 학인들을 지도하였다.

대한불교조계종 교육위원, 역경위원, 교재편찬위원, 중앙종회의원, 범어사 율학승가대학원장 및 율주를 역임하였다.

현재 부산 승학산 해인정사에 주석하면서, 대한불교조계종 고시위원장, 단일계단 계단위원·교수아사리·갈마아사리, 동명대학교 석좌교수, 동명대학교 세계선센터 선원장, 국민권익위원회 자문위원 등의 소임을 맡고 있다.

화엄경 독경본 6

초판 1쇄 인쇄 2026년 3월 20일 | 초판 1쇄 발행 2026년 3월 30일
옮긴이 관허 수진 | 펴낸이 김시열
펴낸곳 도서출판 운주사

　　　(02832) 서울시 성북구 동소문로 67-1 성심빌딩 3층
　　　전화 (02) 926-8361 | 팩스 0505-115-8361
ISBN 978-89-5746-917-0　04220　값 18,000원
ISBN 978-89-5746-674-2　(세트)
http://cafe.daum.net/unjubooks 〈다음카페: 도서출판 운주사〉